墨香财经学术文库

中国故事对外译介传播研究

Research on the Translation and Communication of China's Stories to the World

范连颖 著

东北财经大学出版社
Dongbei University of Finance & Economics Press
大连

图书在版编目（CIP）数据

中国故事对外译介传播研究 / 范连颖著. —大连 : 东北财经大学出版社，2025.4. —（墨香财经学术文库）. —ISBN 978-7-5654-5651-0

Ⅰ. D6；H059；G206

中国国家版本馆CIP数据核字第2025RN1523号

中国故事对外译介传播研究

ZHONGGUO GUSHI DUIWAI YIJIE CHUANBO YANJIU

东北财经大学出版社出版发行

大连市黑石礁尖山街217号　邮政编码　116025

网　　址：http://www.dufep.cn

读者信箱：dufep@dufe.edu.cn

大连图腾彩色印刷有限公司印刷

幅面尺寸：170mm×240mm　字数：150千字　印张：10.25　插页：1

2025年4月第1版　2025年4月第1次印刷

责任编辑：孙　平　责任校对：赵　楠

封面设计：原　皓　版式设计：原　皓

书号：ISBN 978-7-5654-5651-0　定价：68.00元

教学支持　售后服务　联系电话：（0411）84710309

如有印装质量问题，请联系营销部：（0411）84710711

前言

国家形象是构成国家实力的基础。在当今全球化的时代背景下，国家形象的建构已然成为一个国家在国际舞台上展现自身实力、影响力和吸引力的关键要素。提升并传播好真实、积极的中国形象在某种程度上影响着中国发展的前景与命运。党的二十大报告指出，加快构建中国话语和中国叙事体系，讲好中国故事、传播好中国声音，展现可信、可爱、可敬的中国形象。讲好中国故事，做好翻译与传播工作，对于建构良好的国家形象具有不可替代的作用。讲好中国故事已成为塑造和传播中国国家形象的重要方式，翻译与传播在这一过程中发挥着关键作用，三者紧密相连，相互影响。

对于拥有五千多年悠久历史、深厚文化底蕴以及巨大发展成就的中国而言，如何在全球范围内准确、有效地传播自身的独特魅力和真实面貌，是一项极具重要性和紧迫性的课题。长期以来，中国的国家形象受制于西方强势话语，这种由“他塑”为主的被动形象，往往会失真，流于偏狭。因此，我们亟待加强对于国家形象的自我建构，向世界呈现真实、全面、立体的中国。加强国家形象的自我建构，须借由翻译向外界主动讲述并讲好中国故事，借由多方传播主体和传播渠道传播好中国声音。

本书将焦点置于国家形象建构的广阔视域之下，深入且系统地探讨如何通过翻译与传播“对外讲好中国故事”这一核心主题。第1章首先对国家形象的基本概念进行详细阐释，包括其内涵、特性以及主要功能等，同时梳理相关的理论体系，以构建坚实的理论基础。通过对中国国家形象建构的历史脉络与现实状况的深入剖析，试图找出中国真实形象和西方主观印象存在“反差”的根源所在。

讲故事，这一看似平凡的行为，却蕴含着巨大的力量。第2章明确了讲故事与讲好中国故事的具体界定，以及“讲好中国故事”这一理念提出的背景和意义，进一步地探讨了运用讲故事来构建国家形象的相关理论，分析了对外讲好中国故事在构建国家形象过程中主体建构和故事内容选择方面的重要性。

对外讲好中国故事与对外翻译紧密相联，对外翻译不仅仅是语言的转换，更是文化的传递和沟通。第3章详细探讨了对外翻译的概念、属性，阐述了中国故事对外翻译传播对于全面真实介绍中国、塑造国家形象以及提升国际话语权的深远意义。同时，本章深入研究了中国故事对外翻译的特点以及受众情况。

然而，中国故事的对外翻译并非一帆风顺，面临着诸多挑战，第4章主要探究了对外翻译过程中语言障碍和文化差异带来的难题，探讨了相应的翻译原则，以确保翻译的准确性和有效性。第5章则对中国故事对外翻译中出现的主要问题及其成因进行了细致分析，这为后续提出针对性的翻译策略奠定了基础。

在翻译策略方面，第6章从语言策略和非语言策略两个层面进行了深入探讨，涵盖了“译+释”翻译策略、改写编译策略、舍“形”取义策略等多种具体方法，以及国家重视并做好规划、翻译能力体系构建、理念和方法创新、翻译工作者素养提升等非语言层面的策略要点。

中国故事的对外传播与国家形象的建构同样紧密相联，因此，第7章分析了对外传播在国家形象建构中的重要地位，以及中国国家形象对外传播的现状，并提出了对外传播讲好中国故事的一系列原则，包括传播视角的全球化、传播策略的当地化、传播方式的柔性化、传播渠道的多元化以及传播内容的包容化等。同时，本章详细阐述了通过媒体传播、外交活动、经济活动、教育和国际交流等多种渠道来对外讲好中国故事构建国家形象的具体方式。

最后，第8章对中国故事对外传播效果进行了评估，并提出了一系列提升路径，如发挥政府主导作用、鼓励多元主体参与、实施精准化和分众化传播战略、主动设置中国议题、构建新媒体国际传播话语体系、改进对外传播技巧与艺术、提升对外媒体的国际公信力、建立完善的反馈体系、推进立足对外翻译的国际传播人才培养以及加强学界国际化交流与合作等。

本书通过对中国故事翻译传播的深入分析和全面探讨，期望能为中国更加有效地对外讲好中国故事、积极建构良好的国家形象提供有力的理论支持和实践指导，在增进国际社会对中国的了解和认同、推动中国国家形象的积极建构以及促进中外文化交流与合作等方面发挥积极的作用，为中国在国际舞台上展现出更加真实、全面、立体的形象贡献一份力量。

本书为2022年度辽宁省教育厅基本科研项目“中国故事对外译介传播研究：现状、制约因素与对策”（项目号：LJKMR20221560）研究成果。

作　者

2025年1月

目录

1 国家形象建构

1.1 国家形象基本概念和理论

1.1.1 国家形象的概念与内涵

“国家形象”一词涵盖了两个子概念，即“国家”和“形象”。“国家”是相对较新的概念，学术界普遍认为，1648年《威斯特伐利亚条约》的签署标志着近代国际政治史或国际关系的开始。然而，这种看法或许略显牵强，因为在中国先秦时期，特别是春秋战国时期的诸侯争霸以及古希腊、古罗马的互相征服，都能够运用现代国际关系理论进行解释，并且内在地遵循着国际关系的准则。在此后的三个多世纪中，民族国家之间的关系成为国际交往的核心。亚历山大·温特（Alexander Wendt，2000）指出：“主权国家是当今国际社会的最基本单位，是最具组织性的政治经济实体，是国际上最为活跃且最具影响力的行为体。”

毫无疑问，国家在近代以来的国际关系中占据着至关重要的地位，对国家形象的分析必须建立在对国家的理解之上。学术界从不同的角度和层面对国家进行了广泛研究。

从政治层面来看，至少存在三种不同的国家理论：韦伯理论、多元理论以及马克思主义理论（张季良，1997）。无论是哪一种流派，基本的学术共识依然存在，即国家是一个政治概念，是国际关系中起关键主体作用的政治实体。

在古代汉语中，"形象"是一个合成词，由"形"和"象"组成。《易传》中有言："在天成象，在地成形。"《淮南子·精神训》也提到了"形"和"象"："古未有天地之时，惟象无形。"从以上引文可以看出，虽然现代汉语中"形"和"象"的意义较为相似，但在古代它们的具体含义存在微妙差异：前者更为具体，后者则更为抽象。"形象"即具体的"形"与抽象的"象"的有机统一。

《现代汉语词典》对"形象"的定义是"能够引起人的思想和感情活动的具体形状或姿态""文学作品中创造出来的生动具体的、能激发人们思想感情的生活图景"。菲利普·科特勒（Philip Kotler，1997）将形象定义为人们对某一对象持有的信念、观念和印象。

不论在古代还是现代，无论是在中国还是西方，学者们普遍认可"形象"是进入到人们的思维和意识中，被人所感知、认知并对人们情感和行为产生影响的物质与精神的统一体。一般而言，形象不仅具有客观基础，而且对人们的精神活动有持续性的影响，因此具有一定的稳定性特征。一旦形象形成，会通过积极或负面的评价对人们的认知产生稳定、长期的影响。人们的思维具有自我实现的机制，会不断强化已有的认知。形象与思维认知机制相结合，一旦形成便不会轻易改变，因此形象还具有滞后性特征。这两大特征是我们理解国家形象的基础和关键所在。

国家形象是一个历史悠久的课题。在古代，虽然没有现代意义上明确的"国家形象"概念，其内涵也不如今日丰富，但古代国家和民族对于威望和荣誉的追求从未停歇。古希腊时期的哲学家认为，国家与个人一样，天生追求安全与荣誉，避免恐惧与伤害。然而，古代对国家形象的研究较为朴素，未达到现代理论化、系统化的高度。

全球范围内，对国家形象的系统性理论研究始于第二次世界大战后，特别是冷战时期。冷战与军备竞赛不同，将战争从物质武器的制胜转变为心理控制，深刻改变了国际政治格局。因此，国际政治转向了重视精神层面的形象政治（Image Politics）。

符号，特别是语言符号，在国家形象构建中起着关键作用，如朱振明所言："符号是社会控制的一种方式：政治的定义从语言开始。"资本主义国家为获取道义优势调整了对外宣传和话语策略，深度关注人们的情感和心理，从而塑造国家形象。自此以后，国家形象的竞争与构建成为国际关系研究的新亮点。早在1922年，美国传播学者李普曼在《公众舆论》中首次提出了"形象认知"的概念，预示着国家形象概念的兴起。1956年，美国政治学者博尔丁为国家形象给出了广泛接受的经典定义：国家形象是自我认知与国际认知的结合，不仅包括该国对自身的认知，也涵盖其他国家对其的认知（刘朋，2009）。博尔丁的观点深化了学术界对国家形象的理解，强调国家形象往往是主观印象，与客观事实有一定距离，常受到操控，用以合理化甚至辩护野蛮和罪行。

马丁和艾热古鲁合作的论文《多维度测量国家形象的构建》认为，国家形象是关于某一国家的描述性、推断性和信息性信念的总和（Martin and Eroglu，1993）。法国传播学者马特拉指出，符号是政治界定的一种方式，进一步强调了国家形象的符号化和语境化特征（朱振明，2009）。

在这一时期，国际政治呈现出明显的符号化趋势，心理层面和符号意象的国家形象研究成为国际关系和外交学的热门话题（刘朋，2009）。美国学术界关注美苏之间的相互形象研究，并深入发展了对"敌人形象"的研究。

巴洛古和马克里尔认为，国家形象是关于某一国家认知和感受的总体评估，根据国家各项因素而形成（Balogu and McClear，1999）。博尔丁、霍尔斯特、拉什以及杰维斯从不同维度如地理空间、心理态度、物理实力和信念体系，提出了优化国家形象的传播策略。摩根索（2006）认为，国家形象在国际关系中的形象往往决定了国家在国际关系中的具体表现，尽管这种形象是对真实情况的扭曲反映。

中国学者赵雪波（2006）简单概括了国家形象是国家在国际社会中的形象，也可理解为其在外部国家的形象。管文虎等（1999）在《国家形象论》中系统定义了国家形象："国家形象是外部和内部公众对国家本身、国家行为、国家活动及成果的总体评价和认知。"

总结来看，国家形象作为一个研究领域，既广为人知，又充满争议。自其概念诞生以来，它一直处于开放、变化和不稳定的状态中。这表明国家形象的概念及其相关研究还有待进一步深化发展。另外，这种状态也显示出国家形象研究领域充满了生机与活力。

1.1.2 国家形象的基本特性

通过以上对国家形象的概念和内涵的分析，我们可以归纳出国家形象所具备的几个特征：差异性、双重性、民族性、稳定性、可塑性。现分述如下：

（1）差异性

国家形象的差异性表现在多个维度上。从空间维度来看，国内公众和国际公众对于一个国家形象的评价往往存在显著差异，这两方观点共同构成了国家形象的完整面貌。

理论上，国际关系学者雷默（2008）曾指出："中国的自我认知和其他国家对中国的认识二者是完全割裂的。"摩根索（2006）强调了国际上对一个国家形象看法的重要性："别人对我们的看法与我们的实际状况同样重要。作为社会的一分子，我们在自己同胞心灵之镜中的形象决定了我们的威望，即使这种形象可能与我们的实际面貌相反，只是对实际的扭曲反映。"

因此，国家形象的外部认知对于一个国家的国际地位和关系具有重要意义。与此同时，国家形象的塑造也反映了国内对国家的认同感，与爱国主义、民族自豪感、自信心以及社会凝聚力等密切相关，不容忽视。

（2）双重性

国家形象具有主观与客观两个层面的双重属性。

首先，在国家形象的形成过程中，它来源于外部行为体的评价与认知，是一种主观判断的反映。不同的观察者由于其独特的价值观、政治立场、知识背景、观察角度和个人经历，会对同一国家形成不同的认知和评价。同时，一个国家对外展示的形象既可以反映其客观实际情况，也可能经过修饰后呈现出虚假的表象，这显示了国家形象可以被主观地塑造。

其次，国家形象虽然是主观判断，但并非主观臆测。公众对国家形象的评判主要建立在该国的客观基础和基本内涵之上，即国家的综合国力。一个国家的综合国力、社会生产力的发展水平以及人民的生活状态等因素，始终是国家树立自身形象的基础素材来源。因此，国家形象的建构不可能完全脱离客观实际，而是必须有根据地进行形象的塑造和传播。

需要同时认识到的是，国家形象的客观性是其主导和核心方面。要建立一个积极的国家形象，首先必须依赖于国家的扎实、稳固的实际发展状况和积极实践。如果形象的构建脱离了客观的基础，或者过分强调优点而回避缺点，这样的做法必然会损害国家形象的公信力和影响力，而不是起到推动作用。

综上所述，国家形象既具有主观性和可塑性，又必须建立在客观实际的基础之上，这是其双重属性的核心体现。

（3）民族性

国家形象的民族性是其具有的鲜明特征之一。在传播网络全球化的背景下，每个国家都倾向于展示自身独特的民族特色。这种特色不是一种简略的印象，而是国家在全球舞台上影响力和穿透力的基础。

实际上，每个国家的形象都不可避免地反映了其本民族的特色和风貌。举例来说，法国人被认为热情浪漫，日本人被认为勤奋敬业。这些印象虽然是简化的，但它们确实帮助形塑了国家的形象，并在全球范围内产生了深远的影响。

对于中国来说，国家形象中融入了诸多民族元素，如长城、兵马俑、京剧等。然而，随着国际社会和公众视野的扩展，对于中国形象的理解和评价也在逐步演变。因此，我们需要在弘扬国家形象中的民族色彩的同时，能够采取“中国元素，国际表达”的策略。这意味着在突出民族特色的同时，也要考虑如何以现代化和国际化的方式呈现中国形象，使其更具有全球吸引力和影响力。

在构建国家形象的过程中，要赋予民族性以时代特性，不仅仅是打“民族牌”，更要打“世界牌”。这种方式能够帮助国家形象实现质的提升，使其在国际舞台上更加和谐、独特和具有吸引力。

（4）稳定性

国家形象确实具有相对的稳定性，一旦形成，人们通常不会轻易改变已经形成的对于某个国家的整体印象和综合评价。这种现象可以用“刻板印象”来解释，即人们在信息不对称的情况下，倾向于依赖脑海中已有的固有印象和预设观念来认知和理解他人或他国。

刻板印象在文化心理结构中具有稳定性，是由长期积累和加工形成的。一旦形成，它们会在一定程度上限制人们对真实情况的理解和接受。例如，对于特定国家的刻板印象可能包括负面或正面的评价，这种印象往往会根深蒂固地存在于公众的心智中，并影响他们对这个国家的态度和行为。

形象学研究表明，人们在认识他人时常常依赖已有的他者形象，这种形象会预设人们对他人的期待和看法，从而影响他们对真实情况的感知和理解。这种主观性和偏执性的刻板印象很难通过新的信息或实际情况的改变而被动摇。相反，由于人们倾向于选择那些与刻板印象一致的信息，这些信息会进一步加强刻板印象的稳定性，使其在公众心中变得更加牢固和持久。

因此，国家形象的稳定性主要源于刻板印象的存在和运作机制。要改变一个国家的刻板印象，需要通过长期的积极形象传播和国际交流，以及对外政策的调整和实际行动的证明，逐步改变公众的认知和印象，才能实现国家形象的修复和提升。

（5）可塑性

国家形象的可塑性确实存在，尽管它可能在一定程度上受到刻板印象和先期解释惯性的影响，但基于唯物主义认识论的观点，认识是随着实践发展而持续变化的，国家形象也可以通过各种途径重新塑造和提升。

首先，国家作为国家形象的主体，拥有能力和资源通过积极有效的行动来塑造自身形象。通过制定和实施国家形象战略，一个国家可以有针对性地传播其积极形象，达到国际社会期望的效果，从而实现国家的战略目标。

其次，国家形象的认知主体，如国内外的公众、媒体等，可以根据其独特的价值观、文化传统和生活背景，有意或无意地对某国形象进行美化或丑化。这种认知主体的态度和观点，会对国家形象产生直接影响，加强或消解公众对该国形象的印象。

最后，国家形象的传播渠道对于形象的构建至关重要。通过经贸交流、文化交流、外交活动以及大众传媒等多种方式，国家形象能够广泛传播。特别是大众传媒，由于其信息传播的广泛性和影响力，在塑造国家形象方面具有不可替代的作用。媒体在传播过程中会根据其新闻理念和受众的需求对信息进行加工，从而影响公众对国家形象的认知和理解。

总体而言，无论是国家自身的实践行动还是外部因素的影响，都有可能促使国家形象发生变化和提升。通过积极的形象管理和策略性的传播活动，国家可以改变公众对其形象的固有印象，实现国家形象的"升级换代"，以适应不断变化的国际社会需求和期待。

1.1.3 国家形象的主要功能

美国哥伦比亚大学国际政治学教授罗伯特·杰维斯曾经指出："一种理想的国家形象（保持这一形象取决于这个国家的意图以及对国际形势的评判），往往比军事和经济实力的大幅度增长更为有用。而一个差劲的形象则会导致极大的损失，且这种损失是任何常规的实力都难以弥补的，并且会成为一道难以跨越的阻碍。"（Jervis，1970）为什么确立良好的国家形象如此重要呢？这是因为它在国家和社会的政治、经济生活中扮演着关键角色。国家形象功能的体现可以从经济、政治和文化三个方面来划分。

（1）经济功能

国家形象能够直接影响国家在国际市场上的竞争力和产品的接

受度。

消费者在评估来自某个国家的产品时，会依据他们对该国的综合印象来决定是否进行购买。这被称为“光环效应”，即消费者将他们对生产国的认知应用于其产品的质量判断。

良好的国家形象能够提升国家在国际政治舞台上的影响力，并促进文化和学术交流。此外，这种形象还可以增加国际旅游和文化交流的吸引力，从而推动经济的多样化发展。

此外，良好的国家形象对于吸引外国直接投资也至关重要。外国投资者更倾向于将资金投向商业环境良好、法律规范、不受腐败侵害的国家。改善国家形象，特别是减少与腐败有关的形象，有助于提升外国投资的回报率和投资质量。

（2）政治功能

国家形象在政治上的作用主要体现在两个方面：巩固国家权力的合法性和推动国家对外战略的实施。

首先，一个塑造良好形象的国家往往能够更容易获得国际社会的认可和支持。这种良好形象增强了国家的可信度，使其在国际舞台上更具影响力。这种国际支持可以转化为对国际舆论和外交政策的影响，有时甚至能够引导国际社会的共识。因此，良好的国家形象有助于巩固执政党和政府在国际社会中的合法性，使其处于更有利的政治地位。例如，美国通过先进的信息技术和全球范围内的产品传播，推广其民主理念和价值观，美化国家形象，并以维护民主和人权的名义来支持其在国际上的行动。

其次，良好的国家形象有助于提升国家的国际声誉和威望。国际声誉和威望是国家在国际事务中影响力和地位的重要体现。一个国家若能建立起良好的国际声誉，就像拥有一种“国际特别通行证”一样，能够在国际舞台上更有效地引导舆论、制定规则，并获得更多的国际支持和认可。这使得国家在国际交往中更具优势，能够更好地实现其战略目标。

综上所述，国家形象在政治领域的重要性不仅在于巩固国内政治权力的合法性，还体现在国家在国际事务中影响力的增强和国际声誉的提升。良好的国家形象不仅能为国家争取国际社会的支持，还能在国际舞台上为国家的政治战略和外交政策创造更有利的条件。

（3）文化功能

当今世界的文化领域充满了政治和意识形态的交锋，文化已经成为国家相互竞争的重要战场。在这个全球化时代，国家形象具有特殊的作用和影响。

首先，良好的国家形象有助于一个国家的软实力增值。一个国家如果拥有良好的国际形象，通常意味着它在国际社会中拥有更高的威望和认同度。良好的国家形象能够提升一国的国际话语权，加强其在全球文化竞争中的影响力，使其文化符号和理念更广泛地传播和接受。

其次，良好的国家形象能够增强一个国家文化的吸引力，从而促进国际文化交流与理解。在今天这个多样文化并存的世界中，不同文化之间的理解和沟通显得尤为重要。良好的国家形象能够吸引外国人对其文化产生兴趣，促进跨文化的交流和对话，减少文化之间的隔阂。

最后，良好的国家形象有助于推动本国文化的全球传播。例如，美国作为一个拥有强大国家形象的国家，在全球范围内广泛传播其语言、电影、音乐和其他文化产品。这些文化产品通过其国家形象的影响力，吸引并影响了很多国家和地区的观众和消费者，从而加强了美国文化在全球的影响力和可见度。

综上所述，国家形象在全球化时代扮演了重要角色，不仅影响着国家在国际舞台上的政治和经济地位，也深刻地影响着国家的文化传播和跨文化交流。良好的国家形象不仅能为国家赢得国际声誉和威望，还能在全球文化竞争中塑造和推广其独特的文化形象和价值观念。

1.1.4 国家形象塑造理论概述

国家形象塑造理论涉及多个学科领域，包括传播学、国际关系、公共外交等，主要探讨如何通过各种手段和策略，构建和传播一个国家在国际上的形象和认知。

符号建构理论是传播学中的重要理论之一，斯图尔特·霍尔（Stuart Hall）对这一理论的推动和发展起到了重要作用，他通过对文化和权力关系的深入分析，主要探讨了符号如何被社会建构、传播和理解，特别是在文化和社会话语中的作用。该理论认为符号并非客观存在，而是通过社会互动和意义的建构而产生和维持的，符号不仅仅是表征或表示某种实体或概念，更是文化和社会实践中的活动结果；符号不是单一的、静态的实体，而是复杂的系统，包含了多种多样的意义和符号元素，这些符号在特定社会、文化和历史背景下被赋予特定的意义和功能；符号的意义并不是固定不变的，而是在社会互动和文化实践中被解释、重构和重新定义的，不同的社会群体、文化背景和历史条件下，同一个符号可能会有不同的解释和理解；符号建构不仅仅是文化表达的过程，更是权力关系的体现和调控工具，符号的使用和解释受到权力机构、话语权者和文化中心的影响和控制。

公共外交理论是国际关系和公共外交领域中的重要理论之一，主要关注国家如何通过外交手段来塑造和管理国家形象、促进国际合作、解决国际争端以及增强国家在国际社会中的影响力。20世纪60年代初美国学者埃德蒙德·格利恩（Edmund Gullion）首次提出了“公共外交”的概念，他认为公共外交不仅仅是政府间的传统外交，更重要的是通过直接与外国公众的交流和互动，改善和增强国家在国际上的形象和影响力。国际关系领域另一重要的国家形象塑造理论是软实力理论，由美国学者于20世纪90年代初提出。相对于硬实力（如军事力量和经济实力）来说，软实力更多地依赖于吸引和说服力，而不是强制力。例如，如果一个国家的政策被视为合理和道德上正确的，其他国家可能更倾向于支持或者与其合作。软实力理论强调了不只是政府，而是整个国家社会在塑造和推广软实力方面都发挥着作用，这包括民间组织、非政府机构、文化创意产业以及个人的行为和影响力。

近些年来，学术界对国家形象的研究愈发重视，特别是在“软实力”概念被提出之后，国家形象的塑造与传播更是成为中国学界重点关注与研究的热点、要点问题。国家形象战略已成为新兴的热门研究课题，学术界从不同角度对国家形象这一跨学科命题展开了不同程度的研究与探索，并取得了初步成果。

国内学术界在国家形象的研究中，从不同角度探讨其含义和影响。

刘艳房、潘敏学（2024）认为，国家形象战略是“主权国家为了实现国家利益而综合运用政治、经济、文化、传播等手段来调动、挖掘、协调、整合各种战略资源来追求和塑造国家理想形象的科学与艺术”，其内涵主要有：第一，国家形象战略的实施者是主权国家。第二，它的直接目标是树立理想的国家形象，最终目标是实现国家利益。第三，要实现战略目标必须依靠有效的战略手段。第四，用战略手段来调动、挖掘、协调和整合各种战略资源是实现战略目标的关键。第五，完美的国家形象是主权国家所追求的长远目标，是无止境的，而阶段性的理想形象目标是通过积极运筹可实现的。第六，它是一门科学，也是一门政治艺术。

徐小鸽（2000）指出，“国家形象是一个国家在国际新闻流动中所形成的形象，或者说是一国在他国新闻媒介的新闻言论报道中所呈现的形象”。李寿源（1999）认为，国家形象是一个主权国家和民族在世界舞台上所展现出的形状相貌以及在国际环境中的舆论反映。管文虎等（1999）认为，国家形象是一个综合体，它是国家的外部公众和内部公众对国家本身、国家行为、国家的各项活动及其成果所给予的总体评价和认定，国家形象具有强大的影响力、凝聚力，是一个国家整体实力的体现。还有一些学者直接将国家形象提升到国家软权力的战略高度，拓展了研究的深度与广度。如王家福等（2005）对国家形象的定义为：“所谓‘国家形象’，是指国家结构的外在形态，是国家传统、民族传统与文化传承在当代世界空间的特性化脉动的映像化张力，是物质文明、精神文明和政治文明在历史文化传承中所形成的国家素质及其信誉的总尺度。”国家形象具体可涵盖一国的政府形象、文化形象、经济形象、安全形象、国民形象等。

总之，随着全球化的不断发展，国家形象的研究和塑造将继续成为学术界和政策制定者关注的重要议题。由于语言的不同，在国际上塑造国家形象离不开对外翻译与传播的加持。通过有效的对外翻译工作，中国可以更好地提升其在国际上的影响力和认可度，从而在全球舞台上更加自信和有影响力地发挥作用。因此，提升对外翻译研究的层次和水平显得尤为紧迫和必要，这不仅是为了更好地传播中国正面国家形象，还是应对某些国家对中国“威胁形象”的关键策略。

1.2 国家形象建构的“自塑”与“他塑”

1.2.1 翻译、传播与国家形象建构

（1）翻译和传播的联动与融通

对外传播能力与对外翻译能力作为国际传播的关键要素，二者之间的深度联动与融合发展具备坚实的理论基础和实际需求。在中国的学科体系中，翻译学被归入外国语言文学，侧重于语言符号在跨地域和跨文化转换中的应用，即从一种语言文本到另一种语言文本的转化过程和结果呈现；而传播学则与新闻等专业紧密相联，关注信息在全球社会中的传递、扩散及其对不同群体、文化、国家的影响。

尽管翻译学与传播学被划为不同的学科，但相互之间并非割裂的关系。随着翻译和传播日益深入互动，二者相互促进，翻译质量直接影响着传播效果，而传播手段也决定了翻译的实效性。翻译与传播共同构成了跨文化交流的重要途径，在数字化时代，“翻译传播”这一融合概念展示出强大的生命力和鲜明的时代特色。

翻译与传播的结合是媒介化社会高度发展的产物。媒体传播涵盖了从纸媒、电影、电视到新闻广播、广告视频、网页、电子路牌等几乎所有领域，而翻译学则从文化、社会和媒介的角度审视翻译行为，研究者开始关注文艺学、社会学和心理学等因素在翻译中的应用，以及在新语境中译作作为一种语际和符际传递行为的传播、接受、目的与效果。因此，“翻译传播”不仅限于学术研究，而是广泛延伸至大众文化生活的各个层面，例如文学与电影字幕的众包翻译，如人人影视的字幕翻译组、豆瓣以及译言网的文学翻译小组，以及大众参与的网络流行语翻译。在“人人都有麦克风”的时代，译者与受众的主体意识显著增强，传播媒体的多样化改变了翻译场原有的权力关系。

从国际关系体系的视角来看，对外翻译传播是国家传播自身文化、维护自身利益、阐述治国理念、参与全球治理的重要手段。翻译传播不

仅是语言和非语言符号在另一种政治文化体系中的再现，还具有强烈的意识形态功能和内在的价值取向。

从话语翻译的角度而言，翻译传播通过合适的话语构建国家身份，塑造国家形象，达成国际身份认同；从传播力的角度来看，翻译传播借助传统及新型媒介手段，不仅要打造自身的媒体平台，还要充分融入当地的传媒平台，对国际受众的认知产生积极作用，形成有利于本国国家利益的国际舆论。译语塑造与传播方式相辅相成，必须作为一个整体来予以考虑。译者熟悉的不同文化圈的用词习惯和价值观直接影响传播的质量和效果，而传播平台、方式和能力则是话语在异国文化及国际舆论中成功落地的重要保障。因此，中国的国际传播综合运用传播渠道、方式、技术等，将优秀的文明成果和思想理念向他国进行翻译、传播和互鉴，形成强大的话语自塑能力，在国际话语竞争中稳占主动地位。

（2）对外翻译传播与国家形象建构

国家形象自塑的理念主要分为形象的自我建构与传播两个主要环节。在国家形象的自我建构阶段，国家形象的塑造不仅依赖于国家的实际状况，还包括通过各种传媒手段、文化作品和品牌重塑来展示其身份与特性。

斯图尔特·霍尔等文化学者认为，理解国家身份需要考虑文化的展示与反映，这种展示具有建构性，能够深刻影响国家形象的认知。因此，国家形象在国际上的认知往往是通过多样化的媒介和多元化的话语构建而形成。而民众对于其他国家形象的认知往往不仅仅来自个人的亲身经历，更多是通过媒体、学者、政治家和民众等多元主体借助书刊、影像等话语呈现而间接形成。从这个角度来看，一个国家的国际形象在很大程度上是话语建构的结果。因此，单靠加强国家自身建设难以确保国家形象的自然提升，同时进行国家形象的话语构建显得尤为必要和重要。

首先，翻译本质上是一种展现与塑造形象的话语建构行为。无论是原作在译作中的形象，还是源语文化在他者文化中的形象，甚至是国家在全球舞台上的形象，都与翻译密切相关。在跨语际的构建过程中，中国的文化、价值观、制度等多层面的形象通过翻译得以反映，获得积极阐释与诠释，成为国家形象的重要缩影。

需要指出的是，翻译的建构性并非静止不变的，而是随着时代变迁而不断演变的。

其次，国家形象完成话语构建后，必须通过有效传播才能抵达最终目标受众。由于国家形象的目标受众具有与中国截然不同的语言、文化和思维体系，因此必须依赖翻译将所构建的形象传播出去，以易于理解和接受的语言和思维方式来讲述中国故事、传播中国声音。在中国波澜壮阔的对外开放历程中，翻译已成为关键的文化外交战略。如何高效地翻译，以达到向读者和听众进行教育和启迪的目的，提升在文化领域内的国际话语权，进而助力构建文化强国的国家形象，这是翻译在增强中国文化软实力方面至关重要的使命。因此，翻译在提升中国国家形象方面具有重要作用，其关键在于有效地传达中国的核心价值观和文化精神，向世界展示其独特的思想资源和智慧。

因此，从国家形象的自我建构与传播这两个角度来看，翻译具有显著且持久的价值。它推动一个国家通过各种媒介深入了解他国的思想、价值观、传统和信仰，成为国际交流中不可或缺的文化外交工具。翻译在塑造国家形象中的功能，使其成为一国政府对外输出文化吸引力的必备手段。回顾中国走向世界的历史进程，特别是改革开放以来，翻译一直是海外民众了解和认知中国的重要途径之一。不论是中国的积极翻译输出，还是他国对中国的积极翻译接纳，都在不同层面上促进了中国国家形象的修复、重塑和传播。然而，由于历史背景、战略规划及传播渠道的多样性，翻译活动的规划与实施仍然有许多改进空间。

在当前全球百年未有之大变局的背景下，讲述中国故事、传播中国声音和塑造中国形象面临着前所未有的挑战。特别是在数字时代，数字化国家形象的竞争变得更加复杂和难以预测。为了让世界真正了解中国的真实面貌，我们必须加强塑造自身形象的主动性和话语权，有效提升国际传播的效能。构建一个符合中国现代化特色的国际传播叙事体系至关重要，这需要以中国式现代化的内涵逻辑和价值理念为基础，突破西方对中国话语的封锁，创造有利的国际舆论环境。

1.2.2 中国国家形象建构的历史与现实

一国的国家形象并非静止不变，它与国家的综合国力竞争息息相关，同时也与国家有意识地建构和维护良好形象有直接关系。国家形象的建构和传播是一项复杂的系统工程，可以通过两种路径来实现：“自塑”和“他塑”。

国家形象的建构依赖于国际社会的存在，这个国际社会是全球性的，而不是局限于某些国家或地区。各国通过传播渠道相互联系，这是国家形象得以广泛传播和认知的基础。

早在2 000多年前，中国、印度、伊朗、阿拉伯半岛和古罗马等古老文明已开始国际交流。公元前138年，汉武帝派张骞出使西域，开辟了从长安（今西安）出发经甘肃、新疆到达中亚的陆上丝绸之路。这条路线起初用于运输丝绸，后演变为综合贸易路线，打通了东西方之间的通路，促进了中国与中亚各国的交流与合作。公元751年的怛罗斯之战是大唐帝国和阿拉伯帝国之间的首次正面冲突，也标志着中西文明的初次碰撞。公元1405年，郑和率领的船队从福建启航，七次下西洋，创造了世界上最宏大、航线最遥远的航海纪录，推动了海上丝绸之路的繁荣。无论是怛罗斯之战，还是张骞开辟丝绸之路、郑和下西洋，实际上都属于我国对外国家形象“自塑”。

直至13世纪，意大利旅行家马可·波罗游历中国，并将其见闻写成《马可·波罗游记》，广泛传播于欧洲。这部作品通过详细描绘中国的社会、文化和政治制度，深刻影响了西方对中国的认知和形象。自此以后的中国国家形象多为“他塑”，即由别国通过不同传播方式构建，如《利玛窦中国札记》等著作向西方介绍了中国的地理、历史和文化，促进了中国形象在西方的理解和认同。

在历史上，西方曾经建构了一个“富庶、文明、进步”的中国形象，但是自1750年以后，西方更多地开始丑化、妖魔化中国。随着西方国家在18世纪后期至19世纪中期的工业革命的完成，它们成为首个实现现代化的文明。这一过程不仅加速了西方现代性文化的全球化，也导致了中国与西方之间国力差距的逐渐拉大。在这个过程中，中国国家形象在西方的眼中发生了深刻的变化，从一个富庶、文明的东方帝国，逐渐转变为一个衰落古国的形象。这种转变奠定了中国在西方世界的基本形象模式，成为中国国际形象建构所面临的历史渊源。

20世纪以来，特别是在冷战时期和后冷战时代，西方社会对中国的认知框架往往呈现出一定的预设性和局限性。西方大众传播业日益发达，使得大众传播媒介成为人们社会认知的重要途径。现代技术媒介不仅建立了新的传播渠道，而且通过构建信息环境，定义和塑造了我们生活的现实世界。然而，掌握新国家形象建设途径的“他者”往往在世界主流新闻传播媒介中忽视或者负面报道中国的消息。

近年来，中国国家形象的“他塑”表现出几个显著特征：首先，西方主流媒体在涉及中国的报道中常使用“东方主义”的底层逻辑，采用意识形态偏见来设置新闻框架，甚至发布虚假报道，反映了其固守“西方中心论”的态度。其次，西方社交平台通过推荐算法和审核机制，不仅赋予用户传播权力，也存在对中国内容的多元化和推荐偏见，影响了中国形象的客观建构。再次，西方视频博主通过其在中国的亲身体验和具身传播，重新定义了中国形象，提供了多维、真实和生动的视角。最后，境外人员在中国的嵌入和沉浸式体验，重构了他们对中国的认知，并通过多种渠道进行二次传播，进一步影响和塑造了外部对中国的看法和评价。

一国主动自我建构本国国家形象的最根本动力源于国家社会发展需求，当认识到自身落后并变革求强时才有此需求。新中国成立后，中国人民从此站起来了。党的第一代中央领导集体彻底改变了鸦片战争后中国贫穷落后的国家形象，奠定了社会主义制度的基础。随着党的第二代中央领导集体主政，中国国家形象迎来了第二次重大变革，从站起来走向富起来。党的十一届三中全会开启了改革开放和社会主义现代化建设历史新时期，使中国国家形象焕发出前所未有的活力和自信，国家经济腾飞，人民生活日益富裕，国际地位不断提升。随着时代的变迁，经过党的几代中央领导集体的不懈探索和实践，中国形象正在经历着第三次重要变化，迈入了从富起来到强起来的历史性跨越的新阶段。

中国形象的定位也随历史发展而不断调整变化，党的十九大提出建设富强民主文明和谐美丽的社会主义现代化强国的宏伟目标。这不仅是经济和科技的追求，更是文化、教育、人才、环境等多个领域的综合发展，标志着中国国家形象正向更加开放、亲和力强、充满希望和活力的新高度迈进。

2 对外讲好中国故事与国家形象建构

2.1 讲故事与讲好中国故事

2.1.1 讲故事的概念界定

故事作为一种表达方式，具有易于理解、传播迅速、无国界等特点，随着人类生产生活的发展不断变化，承载了丰富的文化内涵。在《现代汉语词典》中，“故事”被界定为“真实的或虚构的用作讲述对象的事情，有连贯性，富有吸引力，能感染人”（中国社会科学院语言研究所词典编辑室，2016）。《现代汉语辞海》则将“故事”界定为“连贯、有吸引力、感人的，可用作讲述对象的事情；文艺作品中用来体现主题思想的情节”（刘振铎，2001）。基于这个角度，“中国故事”可以简要地定义为关于中国的真实或虚构的事情，具备吸引人、感染人的特质，适合用来讲述给他人听。在这个概念中，“真实”或“虚构”并非界定的关键，“吸引人”“感染人”才是“故事”的核心特征。

故事作为人类长期实践的产物，能够传承文化传统，持续传递价值观念。在“讲故事”的过程中，讲述者与倾听者之间展开信息交流与共享，通过引入新情节，不断丰富故事的内容。因此，“讲故事”不仅构成了一种完整的传播过程，也是讲述者对国家和世界的诠释。

关于讲故事的内涵，有几个方面需要考虑：

首先，讲故事可以被看作一种思维方式。我们接受的现代教育使我们习得了归纳概括的能力，这种能力使我们能够将事物的总体规律应用于具体社会现象的解释中。面对复杂问题时，我们常需要通过明确的观点来总结，最终以完整、清晰的逻辑表达出来。这种思维方式不仅适用于学术论文，还包括政府工作报告以及各级领导人的演讲。

其次，讲故事也可以被看作一种语言方式。作为一种语言方式，讲故事不仅仅是表达形式，它在信息传播过程中同传达的内容一样重要。不同的环境和听众需要不同的语言方式，讲故事能够更亲近、更生动地传递信息，因此能够更好地吸引听众的注意和产生共鸣，是一种更有效的沟通方式。

最后，讲故事还可以被看作一种情感方式。与单纯讲理论不同，讲故事蕴含讲述者的主观情感，而不仅仅是客观事实的堆砌。例如，当我们向国际受众描述中国时，生动有趣的故事比干巴巴的理论更能引起共鸣。受众往往更容易被讲述者的情感所感染，有趣的故事能够更深刻地留下印象。

由此，讲故事不仅是一种思维方式，也是一种语言方式和情感方式。它能够帮助我们更有效地理解和表达复杂的社会现象，更自然地与他人交流，以及更深刻地影响受众的认知和情感。

随着传播方式的发展，讲故事作为一种传播模式日益兴起，其中有多种原因。在当前媒介环境中，我们已经不再面临“信息匮乏”，而是面对“信息超载”的局面。互联网的普及改变了人类的交流方式，与传统的平面媒体时代相比，这种变化巨大。生动的故事赋予了文本更多的活力，使其不再单调乏味。

本雅明在《讲故事的人》中指出：“信息（或狭义上的新闻）是当下的、即时的，也是短命的；而故事是历史的、久远的。故事不会因为时间而消失，它储存并集中了能量。”因此，通过讲故事来进行传播，能够让信息变得更加生动，摆脱单一的文本形式，提升信息的传播力度，引发社会的关注，使信息能够经久不衰，经受时间的考验。

2.1.2 讲好中国故事的提出

对外宣传工作的顺利开展与国家的兴替密切相关。党和国家领导人一直高度重视对外宣传工作，通过有效的外宣，促进国家发展并维护国家长治久安。自改革开放以来，我国的对外传播理念发生了显著变化，讲好中国故事是外宣工作的基本方法，也是提高中华文化影响力的基本途径。

(1) 讲好中国故事的提出背景

对讲好中国故事的提出背景展开研究，就需要针对国际与国内两种形势予以深入分析。

一方面，国际社会对中国发展有着不同的认知和态度。全球化进程中，不同文化之间的碰撞日益频繁，民族主义思潮可能导致对外部文化的排斥和对内部文化的过度强调，从而影响到对中国的外部认知和评价。中西方在政治制度、社会价值观等方面存在明显差异，一些西方国家由于其文化和意识形态偏见，存在对中国发展道路和成就的片面理解或负面评价。某些西方国家和媒体对中国的发展存在不客观的解读和偏见，甚至故意抹黑和中伤，严重损害了中国形象，导致国外受众对中国发展产生了许多误读和误解。自2012年以来，美国的战略重心逐渐从打击恐怖主义转向亚太地区，采取了针对中国的遏制政策。美国通过其所谓的自由民主的标准宣扬其在国际社会上的优越性，并试图以此为基础重塑国际秩序。为了改变这种局面，中国有必要讲好中国故事，树立起积极的国家形象。

另一方面，随着中国特色社会主义进入新时代，中国经济社会快速发展，取得了令世界瞩目的巨大成就，综合国力和国际影响力不断提升，中国日益走近世界舞台中央，中国与世界的关系发生了深刻的历史性变化。中国的崛起引起了国际社会的广泛关注，但面临的政治形势却更为严峻。

在国际秩序中，西方国家在一定程度上仍然主导着局势，这使得中国处于不利地位。中国的政治影响力尚未与其经济实力形成正比。因此，当前阶段，中国致力于争取更多的国际话语权。随着改革进入深水期，经济发展进入新常态，讲好中国故事成为扩大国际影响力的重要举措，符合我国外交政策中“有所作为”的理念。

如今，改革开放取得了显著的成就，然而面对某些西方国家对中国的不实言论和有针对性的偏见，提升我国在国际舞台上的话语权显得尤为重要。在2013年8月19日全国宣传思想工作会议的重要讲话中，习近平总书记强调，要精心做好对外宣传工作，创新对外宣传方式，着力打造融通中外的新概念新范畴新表述，讲好中国故事，传播好中国声音。由此提出“讲好中国故事”这一时代命题。习近平总书记还指出：“在全面对外开放的条件下做宣传思想工作，一项重要任务是引导人们更加全面客观地认识当代中国、看待外部世界。”“宣传阐释中国特色，要讲清楚每个国家和民族的历史传统、文化积淀、基本国情不同，其发展道路必然有着自己的特色；讲清楚中华文化积淀着中华民族最深沉的精神追求，是中华民族生生不息、发展壮大的丰厚滋养；讲清楚中华优秀传统文化是中华民族的突出优势，是我们最深厚的文化软实力；讲清楚中国特色社会主义植根于中华文化沃土、反映中国人民意愿、适应中国和时代发展进步要求，有着深厚历史渊源和广泛现实基础。”这些措施旨在通过积极宣传，对外讲好中国故事，提升国际社会对中国的全面了解和认同，从而提升中国在全球舞台上的地位和影响力。

当前，我们在文化软实力建设方面仍有不足之处，特别是在国际传播能力上，尚未达到与我国综合国力和国际地位相称的水平。因此，党的十九大报告提出，“推进国际传播能力建设，讲好中国故事，展现真实、立体、全面的中国，提高国家文化软实力”。

（2）讲好中国故事的内涵

讲好中国故事应以坚持社会主义核心价值观为指导。在国际传播中，这不仅是一项政治原则，更是确保意识形态领导权的关键。习近平总书记强调，提高国家文化软实力，要努力传播当代中国价值观念。当代中国价值观念，就是中国特色社会主义价值观念，代表了中国先进文化的前进方向。要加强提炼和阐释，拓展对外传播平台和载体，把当代中国价值观念贯穿于国际交流和传播的方方面面。

讲好中国故事涵盖两层要义。

其一，就故事内容而言，需讲述“好”的中国故事。所谓“好”的中国故事，应能全方位体现中国人的信念与胸襟，展现出中国人尊重自然、积极应对社会生活挑战的姿态，涵盖各民族的发展实际情况，以契合中华优秀传统文化的思维模式所表达出的情感与价值诉求，能够多层面、多维度地呈现中国人民追求美好幸福生活、勤奋坚韧、自强不息以及创新创造的事迹。“好”的中国故事包括中华优秀传统文化，这是中国最深厚的文化软实力，也是中国特色社会主义的文化根基，同时也包括当代中国的发展经验和成就，如中国共产党的治国理政、中国人民的奋斗故事，以及中国坚持和平发展的理念。通过讲好这些中国故事，让世界全面客观地了解当代中国。

其二，就讲述故事的方式而言，要切实把中国故事讲好。讲好中国故事的首要条件，是明晰自身发展的特性，强化讲述故事的能力，传播中国正确的价值观念，在表达方式上力臻多元化。其次要加强国际传播能力，国际传播能力建设的关键在于通过生动、真实、全面的中国故事增强国际话语的创造力和感召力，塑造积极向上的国家形象，从而在国际社会中赢得尊重和认可。同时，需准确把握国际实时动态，明确国际社会议题的焦点，竭力与受众群体产生共鸣，于发展中国特色社会主义文化的进程中，为国际社会提供可供借鉴的发展经验与有价值的思想资源。

讲好中国故事的一个关键目标在于塑造优良的国家形象，向全球展现出一个繁荣昌盛、不断发展进步的现代化国家形象。美国专家乔舒亚·库珀·雷默（2008）明确指出：“国家形象对当代中国来说是最为根本的问题，假如把这个问题解决好了，那么许多其他困惑和难题都可以迎刃而解。”因此，塑造良好的国家形象极为重要。讲好中国故事的基础，在于国家软实力的增强。一个国家的软实力，主要体现为该国的文化实力。相较于国家的政治实力、经济实力以及军事实力，文化实力最能彰显一国的综合实力。目前，我国在全球范围内的文化软实力并不突出，全球文化市场份额较低，西方国家占据了超过三分之二的市场份额；国内方面，文化产业在国内生产总值中的比重也不高。在我国作为世界第二大经济体的国际背景下，提升国家软实力尤为关键，讲好中国故事和塑造国家形象能有效增强我国的综合实力。这不仅有助于提升国际地位和竞争力，还能向全球展示中国的价值观和文化魅力，增强中华文化的国际影响力，促进国际社会对中国理念的认同。因此，通过塑造良好的国家形象，增强国际话语权，提高中国文化软实力的影响力，讲好中国故事显得尤为重要。

最终，讲好中国故事应以构建人类命运共同体为旨归。这不仅是推动中国故事走向国际舞台的重要动力，更是推进人类文明进步和共同发展的根本目标。在全球化的背景下，推动文化的双向交流和互鉴，让世界更多地了解和尊重中国，也让中国更好地融入全球文明的交流互动之中。

2.2 讲故事与国家形象的建构

2.2.1 对外讲好中国故事建构国家形象的主体构建

讲好中国故事、构建国家形象是一个需要多方共同协作的系统性工程，而不仅仅是单一主体的任务。首先，讲好中国故事和构建国家形象需要政府部门及其工作人员的协调合作。对外传播需要由政府主导，统筹非政府组织、社会团体和公民共同参与。这一任务要求从战略制定到思想统一，再到具体行动的协调推进，都需要政府进行有效的组织和统筹。其次，讲述中国故事的主体是多元化的。构建国家形象不仅仅是中国政府的责任，国家形象的塑造也不是由政府单方面决定的。虽然中国政府在塑造国家形象方面发挥着关键作用，但非政府组织和社会公民也对国家形象的塑造产生重要影响。各个主体共同努力，才能全面、真实地展现中国的国家形象。

（1）政府讲好中国故事

在讲好中国故事的过程中，政府扮演着主导者角色。2014年11月

28日，习近平总书记在中央外事工作会议上发表重要讲话，强调中国必须有自己特色的大国外交。中国特色大国外交要彰显鲜明的中国特色、中国风格、中国气派，将中华优秀传统文化向世界展示，把中国声音向世界传播，树立自信自立、胸怀天下、开放包容的大国形象。

近年来，中国梦持续对外传播，改革发展成果显著，从共建“一带一路”，到G20杭州峰会的举办、厦门金砖会议的召开，再到中国共产党第二十次全国代表大会，中国吸引了世界各国的目光，一次次成为世界焦点。在这些重大事件中，每一个镜头、每一次讲话、每一次关注，都奏响了中国梦的主旋律，中国故事深入人心，助力全世界受众群体认识、了解并感受中国。例如，中国国际进口博览会（CIIE）自2018年首次举办以来，已成为全球规模最大的进口博览会之一。2023年，中国政府在上海成功举办了第六届CIIE。该博览会不仅展示了中国市场的开放性，还展示了中国在全球经济中的重要角色。中国政府通过大规模的媒体宣传和国际合作，确保了CIIE的全球影响力。政府在展会前期通过各类媒体和社交平台宣传活动的重大意义，邀请来自世界各地的企业和政府官员参加。展会期间，政府领导人出席开幕式，发表重要讲话，强调中国对全球经济合作的承诺。CIIE的成功举办展示了中国市场的开放性和消费潜力，同时也增强了国际社会对中国经济稳定和增长的信心。通过这一平台，中国不仅讲述了中国发展的新故事，还进一步提升了国家形象。

（2）媒体说好中国故事

在新时代背景下，新闻媒体作为党和人民的喉舌，肩负着讲好中国故事的重大任务。媒体在国际事务中扮演着至关重要的角色，其传播效果直接影响到国家形象。因此，提升媒体的公信力、引导力和影响力，在对外传播中具有深远的意义。然而，现阶段国际媒体的主导地位仍由西方媒体掌控，导致中国媒体在全球话语权方面仍显不足。为此，讲好中国故事的关键在于迅速提升媒体的“四力”——传播力、引导力、影响力和公信力，以争取在国际事务中获得更多的话语权。

随着互联网的迅猛发展，人们主要依赖网络获取信息，并在社交平台上发表个人意见和观点。全球范围内，Facebook、Twitter（现更名为X）和YouTube是最具代表性的社交平台。截至2024年8月，全球互联网用户已达到53.5亿，其中超过一半使用Facebook。互联网新闻的普及引起了各国媒体的广泛关注，各媒体越来越重视网络传播，希望在这一领域取得话语主动权。面对这些国际主要社交平台的广泛影响，中国媒体也积极提升在全球平台上的存在感。例如，新华社于2012年2月开通了Twitter账号，并且目前已积累了千万级的粉丝关注。这些举措表明中国媒体正致力于增强在国际社交平台上的声音。

新华社积极活跃在Twitter社交平台上。2018年，新华社在新媒体平台上采取了积极的宣传策略，以有效推广中国的国际形象和政策。在短时间内，这些举措获得了显著的反响。例如，"China's Diplomacy in 2018"这一内容在发布后仅18小时内便吸引了超过5 000次的浏览和736次点赞。这显示出受众对中国外交政策和发展动态的高度关注。新华社还推出了节目"Just a Minute： China by Numbers"，通过与国际媒体合作，邀请外国媒体人主持，介绍中国经济的快速增长。这种方式使得外国观众通过熟悉的主持风格，能够更清晰地了解中国经济的成就，从而提升了信息的接受度和影响力。在YouTube等平台上，新华社积极推广中国的政治、经济和文化。例如，YouTube频道涵盖了如"中国新时代""少林功夫"等多个主题。这些视频不仅展示了中国的重大政治事件和经济发展成果，还宣传了中国传统文化，如少林功夫等，赢得了国际观众的喜爱。此外，新华社通过讲述感人的故事，如"中非爱情故事"，展现了中国人的真实情感和跨国文化交流。这些贴近生活的小视频，增强了国际观众的共鸣和对中国文化的认同。

随着科技的进步，媒体传播领域也在发生变化。例如，中国的阿里巴巴集团在2014—2015年间投资了约50家媒体，包括优酷土豆和华谊兄弟等。阿里巴巴凭借强大的资本和技术实力，正在重组自己的传媒版图，提升媒体影响力。年轻一代网民对互联网新闻和社交媒体的依赖性日益增加。因此，把握互联网宣传阵地，优化对外传播策略，对于塑造国家形象和传递国际信息至关重要。通过新媒体平台，中国的外交宣传不仅扩大了国际影响力，也提高了公众对中国的认知度和理解。

(3) 中国公司讲好中国故事

共建“一带一路”倡议为中国企业讲述中国故事提供了契机。从2013年提出以来，这一倡议已经从概念变成了现实，并取得了显著成果。中国企业在这一背景下不断走出国门，与海外国家和企业展开了广泛的合作，不仅促进了这些国家的发展，也为自身带来了新的机会。例如，中国企业在共建“一带一路”倡议框架下参与了许多大型基建项目，这些项目极大地改善了当地的基础设施和民生条件。像中国与老挝合作建设的中老铁路，连接了两国的重要经济区域；匈塞铁路项目则增强了中东欧地区的交通网络；斯里兰卡科伦坡港口城的建设为当地带来了现代化的港口设施。这些工程不仅推动了当地经济的发展，还提升了当地居民的生活质量。在这些国际项目中，中国企业面临了许多挑战，包括自然环境和人文环境的适应问题。为应对这些挑战，中国企业在项目实施过程中注重保护当地生态环境，同时积极与当地企业合作，形成了利益共同体。在推进项目过程中，中国企业积极与当地合作伙伴交流，确保项目的顺利进行。

此外，中国企业还积极参与当地的公益事业，为共建“一带一路”国家的文化、教育和医疗等领域提供支持。这种支持不仅提高了当地人民的生活水平，也增强了中国企业的社会责任感。近年来，越来越多的企业利用影像等媒介，向共建国家的人们讲述中国在共建“一带一路”中的故事，展示了中国作为负责任大国的形象。这些企业坚持共商、共建、共享的原则，获得了当地民众和国际社会的广泛赞誉，也显著提升了中国的国家形象和国际知名度。

以中国交通建设集团为例，该公司拥有超过30年的国际经验，并在传播中国企业形象方面积累了丰富的实践经验。中国交通建设集团在其海外项目中，充分利用了当地政府和媒体资源，聘请了当地的公关公司进行策划，并加强了与当地媒体的沟通。例如，在塞尔维亚的泽蒙-博尔查大桥工程中，中国交通建设集团建立了英语和塞尔维亚语两个版本的网站，以便让当地居民更好地了解项目进展。同时，他们还邀请了中国驻塞尔维亚的记者进行定期采访，通过中国媒体向当地宣传企业动态，从而影响当地媒体，提高项目的知名度。

这些举措不仅促进了项目的顺利实施，也为讲好中国故事、塑造良好的企业形象以及提升中国的国际形象作出了重要贡献。因此，中国企业在共建“一带一路”中的成功经验，不仅是中国企业“走出去”的重要实践，也是讲述中国故事的生动体现。

（4）民众讲好中国故事

民众在讲好中国故事方面扮演着重要角色，他们的实际体验和声音可以生动地展示中国的社会变迁和文化特色。每一位接触到其他国家的公民，无论是出国留学、工作、旅游，还是在国际社交平台上发表言论，他们的言行举止都展现了中国的文化素养。因此，每个人都有可能成为中国故事的重要传播者。作为普通公民，实际上可以在全球范围内更有效地推动中国故事的传播。民生领域尤其具有强大的说服力。截至2023年底，中国合计移民约930万人，成为全球排名第四的移民输出国，并且在世界留学生输出中位列第一。同时，随着人民生活水平的提高，每年出境游客的数量也在不断增加。为了让世界听到中国的声音，看到真实的中国，感受中华文化的深厚底蕴和中国的精神风貌，每一位中国人都应当积极讲述中国故事，传播中国声音，帮助构建良好的国家形象。

李子柒，作为中国网络红人和视频创作者，通过她的内容讲述了一个真实而美丽的中国故事。她的成功展示了如何利用现代传播工具，让世界了解中国的传统文化和生活方式。李子柒的视频内容主要集中在中国传统文化和生活方式上。她通过细腻的拍摄手法和真实的操作过程，向观众展示了传统的手工艺、农耕文化和地方特色。例如，她制作传统的中式食品、展示古老的织布技艺和制作中药，这些内容不仅让观众对中国的传统工艺有了直观的了解，也让人们感受到中国深厚的文化底蕴。李子柒的视频常常以她在乡村生活的点滴为主题，展现了中国田园生活的宁静与美好。她在农村的自给自足生活、与自然和谐相处的方式，描绘了一个理想化的中国乡村生活场景。这样的呈现让国际观众看到了一个不同于城市繁忙的中国，并体验到了中国传统的田园风貌和人文情感。李子柒的内容不仅吸引了大量国内观众，也在国际上获得了广泛关注。她的YouTube频道有着数百万的订阅者，视频被翻译成多种语言，使世界各地的观众能够理解和欣赏中国文化。通过她的作品，国际观众可以看到中国传统的节日庆典、手工艺品制作过程，以及中国乡村的日常生活。

李子柒通过她的创作，将中国传统文化以生动、真实的方式呈现给全球观众，外国人因看懂了李子柒的热爱而自己也心生热爱，他们开始认识中华的传统文化，开始了解有趣的中国、勤奋聪颖的中国人。国之交在于民相亲，民相亲在于心相通。李子柒的视频传播了中华文化，讲好了中国故事，不仅增强了国际社会对中国文化的了解，也提升了中国文化的国际影响力。

2.2.2 对外讲好中国故事建构国家形象的故事内容选择

选择故事内容是讲好中国故事的关键，因为对外传播的价值观通过故事的内容得以体现。讲述者只有深刻理解中国故事的内涵，才能准确把握其精髓，从而实现有效的传播，并达到通过讲述中国故事来塑造国家形象的目的。在一定程度上，中国故事内容的选择直接影响国家形象的构建。因此，选择故事内容的标准在于推动中国展示文明大国、东方大国、负责任大国以及社会主义大国的形象。

（1）向世界讲好中国特色社会主义的故事

讲好中国故事，当前最重要的是讲好中国特色社会主义的故事。讲好中国特色社会主义故事，把内含其中的深厚历史渊源和广泛实践基础生动揭示出来，让中国特色社会主义可信、可敬、可亲的光辉形象进一步丰满起来。

第一，要讲准中国特色社会主义的显著优势。中国特色社会主义优势是一种全方位、整体性优势，其中党的领导是最大优势。长期以来，中国特色社会主义之所以能够形成并不断发展，之所以能够赢得中国人民的广泛认同和充分尊重，就在于中国共产党的坚强领导。近代中国经历了诸多救国尝试，如太平天国运动、洋务运动、维新变法、辛亥革命都未能成功，只有中国共产党领导下的中国人民通过顽强奋斗，才使中国稳步走上了社会主义道路，并创造了中国特色社会主义。在党的领导下，中国建立并完善了中国特色社会主义制度，这一制度融合了社会主义基本原则和古今中外的有益经验，展现了明显的制度优势和强大的自我完善能力。中国共产党通过融合中华传统文化、革命文化和社会主义先进文化，形成了具有深远影响的中国特色社会主义文化，为人民提供了强大的精神动力。

第二，要讲透中国特色社会主义的实践伟力。经济方面，中国经济总量从1978年的3 678.7亿元增长至2023年的1 260 582亿元，人均GDP从385元增至8.94万元。中国在几十年内完成了发达国家几百年才走完的工业化进程，经济实力和综合国力显著增强，已成为全球第二大经济体，第一大制造业国、第一大货物贸易国、第一大外汇储备国，且是第二大外国直接投资目的地国和来源国。科技方面，中国在科技领域取得了重大突破，如“神舟”飞天、“蛟龙”入海、“嫦娥”奔月和“北斗”导航系统，逐步从“跟跑者”变为“同行者”甚至“领跑者”。民生方面，中国建立了世界最大的社会保障体系，显著改善了人民生活水平，体现为从基本生活需求的满足到高科技产品的普及，人民的获得感、幸福感和安全感显著提升。

（2）向世界讲好中国梦的故事

中国梦是中国人民在不同历史阶段对未来美好生活的共同追求。从“站起来”的革命斗争，到“富起来”的改革开放，再到“强起来”的现代化建设，这一系列的梦想和实践构成了中国梦的宏大叙事。

第一，追求“站起来”的梦想。近代中国经历了屈辱与磨难，民族的尊严受到严重挑战。中国人民在面对内忧外患时，始终没有放弃追求独立和尊严的梦想。从戊戌变法、百日维新，到辛亥革命和五四运动，这些历史事件标志着中国人民为争取民族独立和解放的努力。这一时期的中国，革命志士们无畏无惧，前赴后继，为实现“站起来”的梦想付出了巨大的牺牲。井冈山的艰苦斗争、二万五千里长征等都在历史上留下了浓墨重彩的一笔。这些革命故事，不仅塑造了中国的独立和尊严，也教育后人铭记历史的教训，珍惜来之不易的美好生活。

第二，追求“富起来”的梦想。新中国成立后，国家的首要任务是实现经济的复苏和发展。通过三大改造，社会主义制度在中国确立，为经济发展奠定了基础。然而，真正的经济腾飞始于中国改革开放的历史性时刻。党的十一届三中全会后，中国迈出改革开放的步伐，家庭联产承包责任制、经济特区的设立，成为推动经济快速发展的重要标志。这一阶段的中国，开始追求经济的繁荣和人民的富裕。改革开放的伟大实践，展示了中国发展的巨大潜力，也赢得了世界的认可。

第三，追求"强起来"的梦想。进入新时代，中国在中国特色社会主义道路上不断前进。在党中央的正确领导下，中国的综合国力不断增强，朝着"强起来"的目标迈进。从共建"一带一路"倡议的全球布局，到辽宁舰、山东舰的成功建造，这些成就标志着中国在综合实力和国际影响力上的显著提升。中国正以坚定的步伐向"强起来"的梦想迈进，展示了国家的强大和人民的自信。

因此，通过生动讲述中国人民在不同阶段的经历与成就，能够激励人心，展示一个迅猛发展的强大中国。每一个中国梦，每一个充满积极向上精神的故事，汇聚成中国人民伟大的梦想和奋斗历程。这些故事不仅展现了国家的发展和进步，也体现了中国人民的不懈努力和坚定信念。

(3) 向世界讲好中国人的故事

要讲好中国故事，就必须深入挖掘普通百姓的生活故事，特别是那些发生在百姓身边的真实经历。改革开放四十多年来，中国取得的显著成就离不开广大劳动人民的辛勤付出和奉献。这四十多年中，无数感人至深的故事体现出劳动人民的坚持与奋斗，构成了中国发展历程中最真实和最动人的部分。

中国改革开放带来了翻天覆地的变化，而这些变化的背后，是千万普通劳动者的默默奉献。无论是在工地上日夜奋战的建筑工人，还是在田间地头辛勤耕作的农民，他们的辛劳和努力支撑起了中国经济的蓬勃发展。例如，许多来自农村的工人通过艰苦努力改变了自己的命运，并为家乡的现代化建设贡献了力量。这些个人的奋斗不仅是中国经济增长的缩影，也反映了中国社会的变迁。还有些小企业主在改革开放初期从无到有，通过不懈努力将家庭小作坊发展成大型企业，这些故事充分展示了中国人民的创新精神和实干精神。

各大媒体应充分利用自身的平台优势，讲述发生在中国普通百姓身边的真实故事。通过简洁明了的表达方式、生动形象的语言和打动人心的内容，能够有效传播中国的社会主义核心价值观。只有让世界看到中国百姓的生活经历，他们才能真正理解和感受中国的价值观，从而产生认同感。因此，为了讲好中国故事，媒体需要深入基层，挖掘那些充满感动和启发的故事。从普通人的视角出发，通过小故事反映大主题，能够更好地赢得国际社会的关注和认同。这样，普通百姓的生活经历不仅能够展现中国的真实面貌，也能够增强世界对中国声音的理解和共鸣。

（4）向世界讲好中华优秀传统文化的故事

习近平总书记在主持中共中央政治局第三十九次集体学习时强调，中华优秀传统文化是中华文明的智慧结晶和精华所在，是中华民族的根和魂，是我们在世界文化激荡中站稳脚跟的根基。这一重要论述，为我们讲好中华优秀传统文化故事提供了根本遵循。

讲述中华优秀传统文化故事，首要任务是以正确的价值观引领内容的传播。以正确价值观为导向进行传播，能使传统文化故事的精华得以彰显。“大禹治水”体现的公而忘私、坚韧不拔，“孟母三迁”展现的重视教育与环境塑造，这些积极的价值观通过故事传承，能激励人们向上向善，增强民族凝聚力与文化自信。通过这样的价值观引领，中华民族的根与魂才能在当代得到理解和传承，从而塑造出广泛接受的中华文化形象。在讲述传统文化时，我们需运用辩证的眼光，对传统文化进行科学分析，继承其中有益的部分，同时剔除负面的内容。这要求我们根据时代的发展，对传统文化进行“瘦身”，提炼其精华，同时进行创新性转化，以便更好地适应现代社会的需求。通过精准的扬弃和创新，我们才能发掘传统文化的当代价值和全球意义。

形象化的传播方式是讲好传统文化故事的关键。新技术，如大数据、云计算和人工智能，为全媒体传播提供了强有力的支持。要利用移动化、社交化和可视化的趋势，通过全媒体平台展示真实、立体的中华传统文化故事。例如，可以通过音频还原传统音乐，通过视频展示祭祀场景，使受众能够身临其境地感受文化的魅力。在全媒体传播中，原创内容至关重要。只有尊重文化创作者的价值，构建完善的知识产权体系，才能保证内容的质量和传播力。通过虚拟现实（VR）、增强现实

(AR)等技术，可以为传统文化故事注入新的生命力，形成具有沉浸感的传播效果，使受众能够更深刻地体验中华文化的魅力。

讲好中华传统文化故事还需要根据受众的需求进行个性化调整。具体来说，就是因人制宜、因地制宜、因时制宜。因人制宜是根据不同受众的文化背景和思维习惯调整表达方式，使故事更易于理解和接受。例如，对于海外受众，可以使用他们熟悉的语言和表达方式。因地制宜是发掘中华文化与其他地域文化的相似之处进行传播。通过将传统艺术形式与国外流行方式相结合，可以增加故事的吸引力。因时制宜是根据受众的时间习惯和舆情动态调整传播内容。在不同的时段和情况下，选择合适的传播方式和话题，能够提高受众的接受度和参与度。

(5)向世界讲好中国和平发展的故事

在社会主义发展过程中，中国始终坚持和平发展的道路。2003年12月26日，胡锦涛在纪念毛泽东诞辰110周年座谈会上提出“坚持走和平崛起的发展道路”，表明了中国和平发展的决心；2005年9月，胡锦涛在出席联合国成立60周年首脑会议时，系统阐述了和谐世界的理念以及建立和谐世界的四点基本主张；21世纪以来，世界经历了大发展、大变革、大调整，和平与发展成为不可逆转的时代潮流。习近平总书记在十八届中共中央政治局第三次集体学习时的讲话中强调：“中华民族是爱好和平的民族。消除战争，实现和平，是近代以后中国人民最迫切、最深厚的愿望。走和平发展道路，是中华民族优秀文化传统的传承和发展，也是中国人民从近代以后苦难遭遇中得出的必然结论。中国人民对战争带来的苦难有着刻骨铭心的记忆，对和平有着孜孜不倦的追求，十分珍惜和平安定的生活。中国人民怕的就是动荡，求的就是稳定，盼的就是天下太平。”

中国通过持续的努力和实践，走出了一条和平发展的道路。这一路径帮助中国人民逐步实现了经济增长和社会稳定，使得亿万百姓过上了更加安定幸福的生活。例如，中国的扶贫工作成效显著，近几十年来，数以亿计的贫困人口摆脱了贫困，实现了生活水平的显著提升。这一成功经验表明，和平发展不仅能改善国家内部的民生，也有助于促进全球的稳定与繁荣。中国的和平发展政策不仅为国内发展提供了坚实基础，也对全球产生了积极影响。中国的和平发展政策不仅符合中国自身的发展需求，也符合全球的共同利益。通过倡导和平共处和合作共赢，中国为世界和平事业作出了积极贡献，共建“一带一路”就是典型例子，通过共建“一带一路”促进了国际经济合作和区域经济发展，进一步推动了全球的和平与繁荣。

讲述中国和平发展的故事，是向世界展示中国推动全球和平和发展的努力。通过生动的故事，可以展现中国如何在国际舞台上积极维护和平，如何通过合作与对话解决国际争端，并推动全球共同发展。这不仅有助于增强国际社会对中国和平发展道路的理解和认同，也为全球的和平事业作出了积极贡献。

（6）向世界讲好中国式现代化的故事

2022年11月15日，习近平主席在二十国集团领导人第十七次峰会第一阶段会议上的重要讲话提到：“一个不断走向现代化的中国，必将为世界提供更多机遇，为国际合作注入更强动力，为全人类进步作出更大贡献!”中国式现代化不仅是中国自身发展的重大步伐，也是全球发展和人类进步的重要组成部分。我们要向世界讲好中国式现代化的故事，讲述中国式现代化的中国特色，分享中国发展的成就与经验。

第一，讲明中国式现代化是人口规模巨大的现代化。作为世界上人口最多的国家之一，中国的现代化涉及14亿多人，这一规模在全球范围内前所未有。实现如此大规模的现代化，不仅改变了中国自身的社会经济结构，也将深刻影响全球现代化的进程。中国在推进现代化的过程中坚持全体人民一起迈进，不让任何一个人掉队，这种全面性和包容性展现了中国的大国担当，也为全球发展提供了重要的参考模式。

第二，讲实中国式现代化是全体人民共同富裕的现代化。中国的现代化以实现全体人民的共同富裕为核心目标。这一目标体现了中国式现代化对人民生活水平的全面提升和收入分配的公平性。我们坚持以人民为中心的发展思想，在现代化进程中注重民生保障，致力于解决收入差距问题，防止两极分化。同时，中国在推动自身发展的同时，也积极支持其他国家的发展，特别是发展中国家，通过提供援助和支持，致力于全球范围内的共同发展，促进更均衡的全球发展。

第三，讲全中国式现代化是物质文明和精神文明相协调的现代化。我们不仅关注经济增长和物质财富的积累，也重视文化的繁荣和精神文明的提升。现代化进程中，我们在努力提高人民的物质生活水平的同时，也关注精神生活的丰富，推动中华文化的传承与发展。这种“双翼”模式使得现代化不仅体现在经济实力上，也在文化软实力上得以体现，为全球发展注入了新的活力和力量。

第四，讲深中国式现代化是人与自然和谐共生的现代化。我们强调可持续发展，致力于生态保护和环境改善，以确保未来发展的可持续性。中国承诺力争在2030年前实现碳达峰，并在2060年前实现碳中和，这些目标不仅是中国对自身未来发展的承诺，也是对全球生态环境保护的责任。我们希望通过绿色发展和国际合作，共同应对气候变化，推动全球环境保护，构建一个清洁美丽的世界。

第五，讲透中国式现代化是走和平发展道路的现代化。中国致力于以合作共赢的方式进行国际交流与合作，反对通过霸权或扩张的方式实现现代化。我们积极参与全球治理，推动国际合作，寻求共同应对全球挑战的解决方案。这种坚持和平发展、合作共赢的现代化模式为建设一个持久和平的世界贡献了中国智慧和力量。

3 对外讲好中国故事与对外翻译

3.1 对外翻译的概念及属性

3.1.1 对外翻译的概念

界定对外翻译，核心在于其语言转换的方向：对外翻译是从源语（母语）向目标语（非母语）翻译的过程。这种翻译行为通常源于源语国家的需求，这种翻译行为可以促进源语国与其他国家的文化交流，增强相互理解。通过对外翻译，源语国家能够向世界展示自身的文化特色和发展成就，提升国家软实力。

对外翻译还起到塑造国家形象的作用。源语国通过精准的翻译和有效的文化输出，改变其他国家对自身的认知，纠正偏见，塑造积极的国际形象。

这种翻译不仅关注语言的准确性，更注重信息的文化适配和受众的理解需求。正如黄友义先生所指出的，“以国家国际传播和文化交流需求为导向，以中国译者为主的对外翻译机制对于增强中国的软实力，向国际受众呈现中国智慧和中国魅力，介绍一个全面、真实、立体的中国，已经成为实现中华民族伟大复兴中国梦不可或缺的组成部分”（黄友义，2022）。

对外翻译通过传递国家的核心价值观、政策立场和文化内涵，提升了国家在国际上的影响力和吸引力。中国的对外翻译不仅是为了将中文信息传递给外国受众，更是为了展示中国文化、推广国家政策、塑造积极的国家形象。

在全球化和国际化日益加深的背景下，对外翻译不仅是语言的转换，更是国家战略的一部分。通过对外翻译，源语国家可以在国际舞台上建立话语权，影响国际舆论。它有助于形成国际受众对源语国的准确理解和接受，为国家的发展提供有力的国际支持。

3.1.2 对外翻译的属性

对外翻译作为一种特殊的跨文化交流手段，具有多重属性，这些属性反映了其在国际传播中的核心作用和复杂性。

（1）政治导向属性

对外翻译在国际传播中具有显著的政治导向属性。作为公共外交的重要工具，它的主要目标之一是提升本国的国家形象和文化软实力。通过翻译活动，国家可以将其文化产品和观点传播到国外，从而塑造目标国家对本国的认知和态度，支持国家的对外战略。这种政治导向表现为对外翻译的过程不仅仅是语言的转换，更是对国家利益的维护和推广。例如，通过对外翻译，国家可以有效地传播其政策立场、价值观和文化成就，以影响国际舆论和政策导向。这种属性使得对外翻译在国际政治中扮演了关键角色，与国家的政治目标密切相关。

（2）跨文化传播属性

对外翻译具有鲜明的跨文化传播属性。它不仅涉及语言的转换，还包括文化的阐释和传播。从某种意义上讲，翻译可被视为涉及两种语言的特殊传播（谢柯、廖雪汝，2016）。国际传播虽需跨地域、跨民族与跨国界，但根本在于跨语言与文化，而对外翻译的核心就在于语言层面的转换与文化层面的阐释。翻译作为跨文化交流的桥梁，帮助不同文化背景的受众理解和接受源语言国家的文化、思想和价值观。翻译活动通过将源文化中的信息、观念和符号以适当的方式传递给目标文化，促进了跨文化的理解与认同。在这一过程中，译者需要深刻理解源文化的背景和目标文化的需求，确保信息传达的准确性和有效性。

（3）自我叙事属性

对外翻译具有自我叙事的属性。Baker（2006）认为，翻译是一种叙事行为，能够参与到国际政治话语的构建与传播之中。更为具体地说，翻译是作者、译者、读者共同参与的以文本为题、以文化语境为背景的一场对话（陈历明，2006）。译者在翻译过程中不仅是语言的转换者，还是信息的解读者和传播者。翻译不仅仅是对文本的机械翻译，更是一个涉及主观解读和文化重构的过程。译者在翻译时根据自身对源文化和目标文化的理解，对原文本进行解读和阐释，影响最终的翻译产品。这种自我叙事属性使得翻译不仅仅是对语言的转换，更是对文化和思想的重构和传播。

（4）双向互动属性

对外翻译具有双向互动的属性，这体现在对外翻译不仅关注源语言国家的文化传播需求，还需要考虑目标语言国家的文化接受需求。为了实现有效的国际传播，翻译必须平衡源语言国家的表达意图和目标语言国家的接受心理。这种双向互动使得对外翻译不仅仅是单向的信息传递，更是一个互动和调整的过程。“只有当翻译主体的选择与目的语读者的需求相符合或巧合时，译作才会受到欢迎。”（马士奎，2010）译者需要理解并尊重目标读者的文化背景、审美倾向和接受心理，以确保翻译作品能够被目标文化接受和认可。

（5）文化调适属性

对外翻译还具有文化调适的属性。翻译过程中，译者需要将源文化的内容适配到目标文化中，这通常涉及对文化差异的调适和调整。文化调适的过程包括对文化特定元素的解释、补充和调整，以确保信息在目标文化中的适应性和可接受性。这种属性要求译者不仅具备语言能力，还需具备跨文化的敏感性和适应能力。例如，在翻译涉及习俗、礼仪或历史背景的内容时，译者需要对这些文化元素进行适当的解释和调整，以使目标文化的读者能够理解和接受。

对外翻译的属性反映了其在国际传播中的复杂性和多重功能。政治导向属性强调了对外翻译在国家战略中的重要性，跨文化传播属性凸显了其在促进国际理解和认同中的作用，自我叙事属性则表明了翻译过程中的主观性和文化重构，而双向互动属性和文化调适属性则展示了翻译过程中需要平衡和调整的挑战。理解这些属性有助于更好地把握对外翻译在全球化背景下的作用和意义。

3.2 中国故事对外翻译传播的意义

3.2.1 向世界全面真实地介绍中国

长期以来，国际社会，尤其是某些西方国家，对中国存在许多误解。这些误解不仅源于西方媒体的偏见报道，也与我国的外宣和对外翻译工作不足有关。此外，部分媒体甚至错误地将中国描述为发达国家，试图使中国失去在国际贷款中作为发展中国家的优惠条件。

在这种背景下，我国对外翻译人员需加强向国际社会介绍真实中国的工作，以事实回应误解和偏见。翻译时，应详细说明中国经济的发展情况，包括改革开放以来的快速增长、良好的投资环境，以及国内社会事业的蓬勃发展。同时，也应指出，中国仍是一个发展中国家，虽然经济总量已位居世界前列，但人均国内生产总值仍处于较低水平，与发达国家相距甚远，预计到21世纪中叶才能达到中等发达国家的水平。中国经济的进步是为了提高人民生活水平，不应引起西方的过度惊讶。在外交政策方面，中国始终坚持独立自主的和平外交政策，遵循和平共处五项原则，与所有国家，包括西方大国，和平相处。中国不对任何国家构成威胁，一贯反对霸权主义和强权政治，并明确表示中国不会称霸或扩张。

此外，外国人对中国的了解往往较为片面，类似于盲人摸象。许多外国人对中国文化的认知往往仅仅局限于武术、熊猫、美食等少数具有代表性且被广泛传播的元素。例如，有些人知道李小龙、成龙等功夫明星，认为中国武术就是中国文化的全部精髓，却忽略了中国文化中博大精深的诗词歌赋、传统戏曲、传统手工艺等丰富多样的文化形式。再如，在一些西方媒体的片面报道下，部分外国人对中国的社会制度存在误解，仅仅关注到与其本国制度表面上的差异，却不了解中国特色社会主义制度在促进中国经济发展、保障民生、维护社会稳定等方面所展现出的强大优势和适应性。

3.2.2 塑造中国国家形象

党的十八大以来，党中央高度重视国际传播能力建设，多次强调要着力打造融通中外的新概念新范畴新表述，讲好中国故事，传播好中国声音，这对构建良好的国家形象有重要意义。中国故事的对外翻译与传播在塑造中国国家形象方面具有至关重要的作用。

首先，通过对外翻译传播中国故事，能够向世界展现中国悠久的历史和灿烂的文化。中国有着数千年的历史沉淀，从古老的神话传说到各个朝代的更替演变，都蕴含着无尽的智慧和独特的魅力。通过翻译《山海经》《封神演义》等充满奇幻色彩的故事，能让世界领略到中国古代人民丰富的想象力和对自然、宇宙的独特认知。这些故事展示了远古时期中国人的精神世界和对未知的探索，塑造出一个充满神秘色彩和奇幻氛围的历史形象。众多的历史典籍，如《史记》《资治通鉴》等，经翻译传播后，让国际社会了解到中国历史的波澜壮阔和复杂多变。其中记载的重大事件、英雄人物和政治制度等，体现了中国在政治、军事、社会治理等方面的深厚底蕴和卓越智慧，从而塑造出一个有着成熟治理体系和高度文明的古老国家形象。中国的传统文化在艺术、哲学、文学等领域更是独树一帜。翻译传播唐诗宋词，能展现中国文学的精妙绝伦，让世界体会到中国语言文字的优美和意境的深远；翻译儒家经典如《大学》《中庸》，能体现中国哲学中对道德、伦理的重视和对人生的深刻思考，塑造出一个重视品德修养和人文精神的文化形象；而像京剧、昆曲等传统艺术形式的故事，通过翻译传播，让世界感受到中国艺术的独特风格和精湛技艺，展现出一个充满艺术气质和审美追求的国家形象。

其次，中国故事中关于现代中国发展成就的内容，经翻译传播后，能展现出中国的创新能力、科技实力和经济活力。在创新能力方面，讲述中国在互联网科技领域的崛起故事，比如中国电子商务的飞速发展、移动支付的广泛普及等。这些故事经过准确翻译传播后，让世界了解到中国企业和创业者如何在技术应用和商业模式上不断创新，引领全球潮流。例如阿里巴巴、腾讯等企业的创新历程，展现了中国在数字经济领域的大胆探索和突破，塑造出一个充满创新精神和创造力的国家形象。科技实力方面，翻译传播关于中国在航天领域的成就，如嫦娥探月工程、天问一号火星探测等，凸显了中国在尖端科技领域的强大实力和卓越能力。中国高铁技术从无到有、从追赶到领先的故事，向世界展示了中国在交通运输领域的科技突破和工程建设能力。还有中国在5G通信、量子科技等前沿领域的重大进展，通过翻译传播，让世界认识到中国科技的高水准和先进性，塑造出一个科技强国的形象。经济活力方面，讲述中国改革开放以来经济持续快速增长的故事，翻译传播中国在国际贸易、制造业等领域的优势和成就。例如中国成为世界工厂的历程，以及众多中国品牌走向国际市场的故事，体现了中国经济的强大动力和韧性。中国在新兴产业的布局和发展，如新能源汽车、人工智能等领域的积极进取，展示了中国经济的创新活力和发展潜力。

再次，中国故事里所蕴含的中国人民的奋斗精神、团结精神等，能够传递出中国人民积极向上、坚韧不拔的特质。古代的愚公移山、精卫填海等神话故事经翻译传播后，让世界看到了中国人民即使面对看似不可能完成的任务，也会凭借顽强的意志去拼搏奋斗。还有中国运动员在国际赛场上奋勇争先、为国争光的故事，传递出中国人民为了目标全力以赴、不断超越的奋斗姿态，塑造了一个积极进取、永不停歇的民族形象。团结精神更是中国故事的重要主题。中国历史上无数次面对外敌入侵和自然灾害，中国人民始终团结一心、共同抵御。比如抗击疫情期间，全国人民团结协作、共克时艰的事迹，展现了中国人民高度的凝聚力和集体主义精神。这种团结精神让世界感受到中国人民的团结友爱、互帮互助，凸显出一个温暖而强大的国家形象。

最后，一些体现中国社会人文关怀、和谐理念的故事，如民间的互助故事、环保行动故事等，经过翻译传播，能展示出中国是一个关注民生、注重和谐发展的国家，塑造出温暖、友善的形象。此外，中国故事中丰富多彩的艺术形式、民俗风情等内容的对外翻译传播，能让世界领略到中国独特的审美和生活方式，打造出一个富有艺术魅力和生活情趣的国家形象。中国的传统节日、民俗文化等方面的故事，如春节、端午节等的由来和庆祝方式，向世界传递了中国人民对生活的热爱和对传统的尊重，塑造出一个富有生活气息和文化传承的民族形象。

中国故事的对外翻译传播是一个多维度、全方位塑造中国国家形象的过程。它能够让世界更全面、更深入地认识和了解中国，增强中国在国际舞台上的影响力和吸引力。

3.2.3 提升中国国际话语权

近年来，国际话语权在全球范围内，尤其是新兴经济体和发达国家之间，已成为竞争的焦点。对中国而言，这一议题尤为重要。国际话语权实际上是综合国力的重要组成部分，掌握国际话语权意味着能够主导国际舆论，从而有效维护国家利益和提升国际地位。在这个无形的国际舞台上，各国正展开着没有硝烟的竞争（靳文泉，2009）。

对外宣传不仅是信息传播，更是一种国际话语活动，这种活动对国家根本利益的实现具有重大影响。特别是对于地缘政治相对劣势的国家，更需要积极参与这一话语活动，提高自身的发言权。在后冷战时期，各国特别重视国际话语权，尤其是那些国力较弱的国家，更加关注在西方话语体系中的存在。缺乏有效的对外宣传会导致在实际利益和政治利益上付出沉重代价。因此，对外宣传的深刻和系统的反思是必不可少的（刘亚猛，2004）。

中国对外宣传的任务之一是“向世界说明中国”，这不仅要求展示中国在政治、经济、军事和文化等方面的成就，还要表达中国政府和人民的观点。2003年12月7日，胡锦涛在全国宣传思想工作会议上强调，外宣力量应与中国的国际地位相匹配，以营造有利的国际舆论环境。这表明中国的对外宣传能力尚未与中国的国际地位相符，中国在外宣中的文化赤字问题仍然存在。

2004年5月，赵启在清华大学的演讲中指出，提升“向世界说明中国”的能力是我国软实力的一个重要方面。这要求中国在国际上提升文化吸引力和影响力，并通过软实力机制增强国际话语权。讲述中国的发展故事时，应该注意不夸大、不贬低他国，保持适度的分寸。

在国际话语权的争夺中，美国次贷危机引发的全球金融危机成为一个例子，美国不同程度上将危机归咎于中国的出口导向经济，而忽视了自身的结构性问题。在这种情况下，中国的对外宣传部门应主动反驳这一指责，指出危机的根源在于美国的经济结构问题及其过度消费。

靳文泉（2009）认为，尽管中国和其他新兴国家正在改变世界权力格局，但长期以来的强权逻辑不会在短期内改变。控制国际话语权的垄断者不会轻易让位，新兴大国必须警觉这一点，并进行深入思考，以提升自己的国际话语权。

无论各国如何看待，国际话语权本质上都涉及语言的运用。国家间的沟通、个人之间的交流以及精神层面的互动，皆依赖于语言这一媒介。在全球化日益加深的背景下，语言的作用变得尤为关键。我国对外宣传的目标和性质决定了参与国际话语时必须依靠翻译。因此，提升和优化外宣翻译的质量，成为塑造国家形象和增强国家软实力的重要途径。

3.3 中国故事对外翻译的特点及受众分析

3.3.1 中国故事对外翻译的特点

在西方当代翻译史中，美国著名翻译理论家尤金·奈达（Eugene Nida）首次明确将读者因素纳入翻译研究范围。尤金·奈达被誉为西方“现代翻译理论之父”，其翻译理论在全球范围内产生了深远影响，他的“读者反应理论”（Reader's Response Theory）在20世纪80年代初传入中国，并迅速在翻译界引起了强烈反响和高度重视。这一理论源于奈达的功能对等理论，认为评估译本质量的关键在于译文读者的反应是否与源语读者的反应相似。翻译的核心是交流，翻译服务的最终目标是读者。

因此，评判译文的优劣，必须关注读者对译文的反应，而不仅仅是对词汇、语法和修辞手段的对比，更重要的是考察读者对译文的理解和欣赏程度。历史上，翻译讨论常常集中于个人经验，较少考虑读者，主要关注译文对原文的忠实程度。相比之下，“读者反应理论”带来了全新的思维方式，是对翻译理论的丰富与发展。在外宣翻译中，以受众为中心的理论具有重要的指导意义。

在当今国际交流日益频繁的背景下，各国人民对信息的需求不断增加。作为信息重要来源的外宣材料，被视为展示国家形象的关键媒介。信息的成功传递依赖于译者对原文文化现象的准确理解和有效翻译。自中国改革开放以来，外宣材料越来越受到关注，翻译工作作为外宣的桥梁，其重要性毋庸置疑，翻译质量直接影响对外宣传效果。对外翻译的目的是让国际读者客观真实地了解中国情况。

由于源语和目标语读者的社会、历史背景和语言习惯差异巨大，翻译时必须尽可能考虑目标语读者的需求，并提供足够的背景知识。处理文化差异不当可能导致误解。以下例子展示了如何通过考虑受众理解力来进行有效的翻译。

例如：

原文：“天府之国”旅游业今年实现开门红，1月份游客人数达到88万，比上年同期增加18%。

译文：Tourism industry in Southwest China’s Sichuan Province, also known as the Land of Abundance, got off to a good start this year, with 888 000 arrivals in January, an 18% increase over the same month last year.

显然，“天府之国”是一具有中国文化特色的词，指我国的四川省，对国内受众来说，理解并不难。但若译成“tianfuzhiguo”，恐怕外国受众无人能懂。不仅如此，即使交代了，它是指我国的四川，若不加说明四川在我国版图的大概位置，恐怕外国受众还是不大明白，所以，译文中还添加了必要的地理信息，指出，它地处我国的西南。经过这样处理后的译文，相信外国受众定能理解，从而达到了外宣效果。

此外，中国文化与西方文化存在很大差异。体现在语言方面，中文强调使用修饰语，以辞藻华丽为语言之美，倾向于使用修饰语渲染表达效果；而英语表达崇尚简洁朴实，语言精练，通俗易懂，在修饰语的使用上十分严谨，尽量避免语义表达的重复性，一般不重复使用相同的修饰语。倘若我们将中文外宣材料一字一句原封不动地直接翻译成英语，且不进行任何改写，恐怕很难实现我们期望的宣传效果。请参考下面这个例子：

原文：

尊敬的领导，各位来宾：

在党委的正确领导下，在××精神的鼓舞下，在××会议的推动下，在××方针的指导下，在党委的亲切关怀和具体指导下，在兄弟单位的支持下，我们这个讲习班开学了。

这段文字结构讲究，是国内受众能接受的宣传材料，但是，若不考虑外国受众对中国文化和习惯的了解程度，直译下来，恐怕难以达到应有的宣传效果。所以建议如下：

译文：

Respected leaders,

Distinguished guests,

Ladies and gentlemen,

I have the honor to declare the seminar open. I'd like, if I may, to take this opportunity to convey our gratitude to those whose support and assistance have made this seminar possible. Our special thanks should go to all departments and personnel concerned.

显然，这样的译文虽然貌似“漏译”了原文的某些内容，但是简洁明了，信息清楚，十分符合此类文体的英语行文习惯。

对外翻译“以受众为中心”的特点要求译者对外宣材料进行适当调整。这也解释了《人民日报》海外版报道的重点与国内版不同，而英文版《中国日报》更不只是《人民日报》的翻译版。这表明宣传内容需要根据目标读者群体的不同进行调整，只有这样才能确保宣传具有针对性，从而达到预期的对外宣传效果（谢旭升，2003）。

3.3.2 中国故事对外翻译的受众分析

（1）对外翻译中的受众概念

“受众”一词源于拉丁语“audire”，原意为“倾听”。在现代汉语中，《辞海》对“受众”的定义是“指大众传播过程中信息的接收者，其特点是众多、混杂、分散、流动、隐匿等”。如今，“受众”不仅指听众，还包括读者、观众、对话者以及数字媒体的用户。随着信息接受方式和渠道的多样化，受众的概念也在不断扩展。在对外翻译中，受众不仅是信息的接收者，更是具有特定文化背景和需求的群体，因此，其分析涉及翻译学、传播学以及社会学等多个学科的综合考量。

从社会学的角度看，受众是“大众传播所面对发言的无名个体和群体”（约翰·费斯克，1987），即通过某种社会关系联结的集体。这意味着，受众作为一个社会群体，具有共同的属性和特征，并且在互动中形成认同感。这样的认同感和互动性使得受众在社会关系中扮演着重要角色，成为某种意义上的共同体。不同地区和文化的受众因地理、气候、历史、宗教等多种因素形成不同的群体特性，从而推动了精准传播的新要求，由此，催生了“贴近不同区域、不同国家、不同群体受众”的精准传播新要求，为中国故事的“区域化表达”和“分众化表达”奠定了基础。

在翻译学领域，受众是译文的实际接受者，具备自己的文化背景和期待。功能派翻译理论强调译文的目的在于满足读者的需求，受众的文化知识和期待成为决定翻译目标的关键因素。翻译的有效性依赖于受众的参与和反馈，受众的理解和接受过程将原作的意义延伸和重构，使翻译活动得以完整实现（吴赟、孙萌，2023）。因此，重视受众在翻译中的作用，可以为翻译实践提供理论支持。

从传播学的视角来看，受众是媒介内容和信息的接收者，研究重点往往集中在不同媒介形式（如电视、广播、网络媒体）如何影响受众。传播学对受众的定义强调了其与特定媒介的关联，以及地域差异、文化习惯和社会环境对受众的影响。这与社会学的定义相辅相成，说明受众的概念在不断演变中日益多元化，并且随着传播形式的变化而持续重构。

综上所述，不同学科对受众的分析为对外翻译实践提供了丰富的视角和理论支持。社会学强调受众作为社会群体的基础性作用，翻译学探讨了受众在文本接受中的角色和影响，传播学则关注受众在信息传播中的定位。多学科的交融使得对外翻译中的受众概念更加立体和全面，提升了国际传播的效果和能力。在这一过程中，受众不仅是信息的被动接受者，更是文化信息的主动解释者，对翻译的有效性和国际传播的深度起到了关键作用。

（2）对外翻译的受众特征

前述分析表明，社会学、传播学和翻译学对“受众”的理解各有侧重。社会学关注受众的根本社会属性，传播学强调受众在信息传播中的关键作用，而翻译学则认为受众的理解和解释是翻译的核心。因此，从多学科的视角来看，受众在对外翻译中展现出三个基本特征：受众是由共识与认同情感凝聚而成的群体，是翻译活动的接受者与评价者，同时也是跨文化意义的再阐释者和再生产者。这些特征揭示了受众在对外翻译中的重要作用，推动了跨文化交流的深入。

①受众是由共识与认同情感凝聚而成的群体

对外翻译的核心在于促进文化交流与理解，本质上是通过异文化语境中的社会关系实现思想和文化的传播。受众的共同认知和情感体验在这一过程中起到关键作用，因为对外翻译的目标是通过了解受众的特点和需求，寻求他们的认同与共鸣。受众不仅是翻译文本的接收者，更是翻译过程中的主动参与者，他们通过自己的历史、地理和文化经验与翻译文本互动。受众的个体感知和情感表达对翻译决策产生直接影响，促成了文化共识的形成。

从微观层面来看，每个受众个体都带有个人的历史和文化背景，他们的能动性体现在对翻译文本的主动参与与反馈。受众的理解不仅是对文本的被动接收，更是通过个人经验对翻译活动的积极介入。从宏观层面来看，受众作为一个整体，通过共享的情感和认同感形成群体共识。这种情感共鸣有助于受众在跨文化交流中形成统一的声音，推动了共同体的凝聚力。

②受众是对外翻译活动的接受者与评价者

对外翻译不仅仅涉及语言的转换，更关乎源语国思想和文化的传播。受众在这一过程中处于最后的接收和评价环节，他们对翻译成果的接受程度直接影响到对外翻译的效果。翻译活动的最终效果在很大程度上取决于受众的反馈和评价。受众对翻译文本的接受程度与他们的文化认知、主观体验以及群体特征密切相关。例如，寒山诗在美国的流行就与其精神内涵与美国“垮掉的一代”文化相契合，受到了广泛的认可和喜爱。这表明，受众的兴趣和文化背景对翻译的接受和评价具有重要影响。

在传统的传播媒介中，受众对翻译作品的评价往往存在时间滞后，而新媒介的出现则使得受众的评价可以实时反映在点击量、转发量等指标上。因此，受众评价在现代传播环境中成为直接影响翻译效果的重要因素。为了确保翻译的有效传播，对外翻译活动应注重受众的接受需求和评价标准，实施精准的翻译策略。

③受众是跨文化意义的再阐释者与再生产者

文化背景对文本意义的解释具有重要影响。在对外翻译中，受众的解读发生在特定的文化和历史语境中，这一过程将源文本的历史和文化意义转化为新的文化语境。受众在这一过程中不仅重新诠释了翻译文本，还参与了跨文化意义的生产和再构建。

跨文化交流涉及不同文化符号间的意义转移，而受众在这一过程中起到了关键作用。受众的解读是一个动态的过程，他们将自身的文化背景、期待和价值观融入翻译文本中。通过阅读或观看，受众不仅理解源文本的创作动机，还在当前文化环境中赋予译文本新的意义。这一过程使得翻译文本在不同文化语境中不断演变，丰富了其跨文化的内涵。

总的来说，受众在对外翻译中的作用是多维度的。他们不仅是翻译的接收者和评价者，还在跨文化意义的生成和再生产中发挥了重要作用。理解这些特征有助于提升对外翻译的效果和影响力，实现更有效的跨文化交流。

(3) 对外翻译的受众分类

由于受众群体的复杂性，其分类标准多样，这导致了不同类型的受众群体的存在。例如，受众可以根据接触媒介的不同分为读者、观众和听众；根据地域和种族差异，受众又可以被划分为具有不同历史经验的群体；按照年龄和性别，受众可以分为儿童、青少年、中老年人，或者男性与女性等；此外，根据文化背景和信息需求的差异，受众还可以被进一步细化为学术型受众与一般受众。约翰·费斯克（John Fiske）提出的“大众的层理”概念说明了不同层理的受众在心理和认知结构上的差异（孙庚，2014），这使得他们对外来文化体系中的概念的理解和接受能力有所不同。

在对外翻译的背景下，可以根据受众的特征和行为进行分类。傅斯年将受众分为普通读者和学者，茅盾则提出了一般读者和学徒的划分（罗新璋、陈应年，1984）。这种分类方式帮助我们理解不同受众对翻译作品的不同需求和影响。此外，还可以按照读者的理解层次分为普通读者、双语读者和职业批评家，或按影响力分为高层读者和一般读者（王宏印，2005）。这种细化分类反映了受众的多样性及其对翻译成果的不同作用。以中国故事对外传播为例，理解受众的特点和需求，有助于实现更有效的翻译传播。接下来，我们将对受众进行具体分类，以更好地理解他们在翻译活动中的角色。

①专业型受众

专业型受众包括书评家、翻译家、智库专家等，他们在翻译传播中扮演着检验和引导的角色。这些受众通常具有较高的文化敏感度和深厚的知识背景，是翻译成果与普通大众之间的重要桥梁。专业型受众的评价和意见对翻译成果的接受度具有重要影响，类似于传播学中的“意见领袖”概念。拉扎斯菲尔德（Paul Lazarsfeld）指出，信息在传播过程中经历两级传播，首先从大众传媒到达意见领袖，再由意见领袖传递给全体受众。意见领袖的影响力常常超过直接的大众传播，他们的意见对公众态度的改变具有重要作用（拉扎斯菲尔德，2012）。

在对外翻译中，专业型受众的评价可能成为媒体选择翻译内容的依据。例如，《三体》的日译版在试读会上得到日本知名人士如小岛秀夫、东浩纪的高度评价，这些评价为作品在日本市场的成功奠定了基础。此外，奥巴马等知名人士对《三体》的兴趣进一步推动了其在英语世界的传播。这表明，专业型受众的认可不仅增加了翻译作品的社会资本，还加速了其在普通大众中的传播。

②普通型受众

普通型受众是翻译成果的主要受众群体，其范围广泛且数量庞大。在融媒体时代，普通型受众的阅读量、观看量、点击量、互动量以及评价等指标，成为衡量翻译传播效果的关键。普通型受众可以进一步细分为积极型受众和潜在型受众。

第一，积极型受众。

积极型受众对源语国的文化、知识和思想充满兴趣，他们主动寻求相关信息。与专业型受众类似，积极型受众能有效推动翻译传播活动，成为跨文化意义的再生产者。例如，中国文化的传播得益于那些对中国文化有深入了解的异域受众，他们能够推动翻译作品的传播，并参与文化的构建。《上海解放特辑》由外籍人士翻译并传播，展示了跨文化翻译的可能性和效果。这表明，积极型受众不仅是对外翻译的受益者，也是推动翻译传播的重要力量。

第二，潜在型受众。

潜在型受众包括未明确表现出兴趣的普通大众，他们通常具有群体意识和共享的价值观。在对外翻译中，潜在型受众的反馈和评价构成了对翻译成果的评价系统的重要部分。尽管这些受众的兴趣可能不如积极型受众明显，但他们的群体传播效应和大众覆盖力使其成为提升翻译效果的重要突破口。了解并引导潜在型受众的喜好，促使他们形成对翻译成果的认同，是提高翻译传播效果的关键环节。

总之，不同类型的受众在对外翻译中的作用各异。理解这些受众的特征和需求，有助于优化对外翻译策略，实现更有效的跨文化交流。

（4）对外翻译的受众行为机制

受众行为源于受众与媒介环境的相互作用，体现在对翻译内容的选择、解读、评价、吸收及变异等方面。在对外翻译的过程中，研究受众及其接受效果不仅是实现精准传播和分众传播策略的核心，还为国家政策的制定提供了重要参考。

①对翻译传播内容的接触与选择

受众行为的核心表现之一是其对翻译传播内容的接触和选择。受众的选择受到他们既有知识、文化背景和权力结构的影响，这决定了他们对异文化内容的接受或排斥。目标语国的受众往往对直接引入的异文化信息持有排斥态度，倾向于接受那些与本地文化、语言或习俗更为相似的翻译内容。这种选择性接触是理解受众接受心理的一个重要切入点。

在对外翻译中，受众的选择性接触是形成传播效果的第一步。受众基于自身的需求和兴趣，选择和接触符合其立场和观点的内容。这种行为驱动了翻译活动的推进。译者需要理解受众的需求，调整翻译策略，通过适当的本土化手段使翻译内容更符合受众的期待，从而提高内容的接触率和接受度。

②对翻译文本的接受与评价

受众在接触翻译内容后，会形成个人的接受和评价，这些评价是衡量翻译传播效果的重要指标。翻译文本的接受与评价主要可以通过以下几个方面来进行评估：其一，发行与传播数据，包括翻译成果在目标语国家的出版、上映等量化数据；其二，媒体宣传与网络互动，涉及主要媒体的宣传力度、网络平台的点击率等；其三，受众评分与评论，包括受众对翻译文本的评分及其在社交媒体上的评论情况；其四，学术评价，包括学界的评价、主流报刊上的报道及评论；其五，获奖与再版，包括翻译成果获得的奖项、再版及转载情况。

这些指标能够综合反映翻译成果在目标语文化中的表现及其接受程度，准确掌握这些数据有助于评估翻译活动的效果，并为未来的翻译策略提供依据。

③对翻译文本的吸收与变异

翻译文本的最终效果不仅体现在受众的接受与评价上，还体现在受众对文本的吸收和变异上。在跨文化传播中，受众会对翻译文本进行再解释和再创作，这种创造性叛逆反映了受众在文化接受过程中的主动性和创造力。受众在解读翻译内容时，会根据自身的文化背景和社会集体想象，对文本进行重组和改写，从而形成新的文化作品。这种再加工和再描述有助于激活翻译文本的文化活力，并为其内涵和价值的提升提供了丰富的文化资源。

综上所述，受众行为在对外翻译中扮演了至关重要的角色。受众的接触和选择决定了翻译内容的传播效果，受众的评价和接受度反映了翻译文本的传播成果，而受众的吸收和变异则进一步推动了翻译文本的文化适应和发展。深入研究这些方面有助于优化对外翻译策略，提升国际传播的效果。

4 中国故事对外翻译的挑战与原则

4.1 中国故事对外翻译的挑战

4.1.1 语言自身的挑战

汉语和英语分别属于汉藏语系和印欧语系日耳曼语族，两者在语言结构上存在显著差异。

从结构角度来看，英汉语言的差异非常明显。王力（1984）指出："就句子的结构而论，西洋语言是法治的，中国语言是人治的。"这表明，英语的语法特征较为显性，通过词形变化明确标识词性及语法功能，包括时态、语态和语气等都有清晰的标记。而汉语的语法则较为隐性，词性与词形不一定相关，语法功能通常难以直接辨别；尽管汉语中也有时态、语态和语气的表达，但这些常常是隐含在语境中，没有明显的标记符号。因此，汉语被视为"意合"语言，而英语则是"形合"语言。这种结构上的差异对翻译提出了挑战，译者在翻译过程中必须特别注意这些特点。

刘宓（2002）分析了东西方语言结构的差异，指出东西方思维方式的不同影响了语言结构。西方思维倾向于分析，习惯于“由一而多”的结构，使句子以主语和谓语为核心，依次叠加，形成“树杈形”的结构；而东方思维则侧重于综合，注重整体和谐，偏向“由一列多”的结构，以动词为中心，按时间顺序排列，形成“流水型”结构。

吕叔湘对汉语句子结构的分析也表明，汉语常使用流水句，将问题逐步展开，这使得汉语表达相同内容时往往使用更多短句，相对英语中使用更多由关联词和短语构成的长句。例如：

原文：委员会虽然认识到改革势在必行，但还是决定暂缓作出决定，期望通过进一步协商，提出一个能够得到更广泛认可的方案。

译文：Although the committee acknowledged the need for reform, it postponed the decision, hoping that further consultations would lead to a more broadly accepted proposal.

原文句法结构松散，由动词主导，如“认识到”“决定”“期望”“提出”，句子呈线性推进，语义按时间与逻辑自然展开，表达注重节奏与语意流动，而非严格结构，是典型的流水型结构。译文主句为“it postponed the decision”，其余成分依附于主句，呈树杈状结构扩展；使用“Although”明确引导让步从句，用非谓语结构“hoping that...”表示目的状语，结构层次分明。与原文句子相比，译文在结构处理上进行了调整，对目标语受众产生了更加积极的理解和接受效果。

从句子重心的角度来看，英语通常将判断或结论置于前面，而将事实或描写置于后面，即重心在前；汉语则常将次要信息置于句首，将重心放在句尾。这是因为东方思维方式倾向于从因到果的逻辑，汉语句子结构中，偏句在前，正句在后。这种语序的差异要求在汉英翻译时，需将“偏前正后”的汉语结构调整为英语中的“主前从后”结构。试比较：

原文：由于贵国政府的提议，才得以这样快地重新实现访问。这使我感到特别高兴。

译文：I was all the more delighted when, as a result of the initiative of your government, it proved possible to reinstate the visit so quickly.

显然，原文和译文的语义重心作了调整，将汉语中表达结果的“这使我感到特别高兴”放到了表达缘由的由when引导的从句之前作为主句来处理，这样更符合英语受众的习惯。

再有，从语态的角度来看，英语通常使用被动语态，而汉语更倾向于使用主动语态。这一现象反映了东西方在观察和描述事物时的不同思维方式。在中国文化中，思考和描述事物时以人为中心，强调个体的主观作用。因此，当汉语中描述动作或事件时，常常把焦点放在动作的发出者上，即动作的执行者，这使得主动语态在汉语中成为主要的表达方式。换句话说，汉语句子往往以主动形式呈现动作的施动者，表述的重点在于发出动作的主体。相对而言，西方文化则更加关注事件的结果或承受者，倾向于从客体的角度进行观察和描述。因此，英语中被动语态的使用较为普遍。这种用法强调的是动作的接受者或结果，而不是动作的执行者。在英语中，通过被动语态来突出动作的承受者和动作本身的影响力更为常见。虽然汉语也有表示被动的结构，如“被”或“由”等词，但这些用法远不如英语中的被动语态普遍。这种差异体现了东西方在语言表达和思维方式上的深层次文化差异。

关于汉英语言之间的差异，许多专家学者已经进行了深入的研究与讨论。上述讨论仅列举了几个显著的方面，旨在说明这些差异可能对外宣翻译实践带来的挑战。除了语言结构差异外，其他语言方面的因素也可能给外宣翻译带来困难。例如，语言习惯的差异常常给外宣翻译人员带来挑战。在不同文化中，一些词汇和短语可能被赋予了特定的含义，如果翻译不当，可能会导致误解。这要求翻译人员对语言的文化背景和习惯变化保持高度敏感。例如，在一次对外交流活动中，中方代表介绍某地区的发展成就时提到了“拳头产品”这个词，当时翻译人员直接将其翻译为“fist product”。在中文语境里，“拳头产品”是指企业或地区极具竞争力、优势突出，能够在市场上“打得出、站得住”，高质量、有代表性的产品，是一种形象且带有夸赞意味的说法。然而在英文语境中，“fist”（拳头）往往带有攻击性、武力威胁等比较负面的联想，比如“clench one’s fist”（握紧拳头）常与愤怒、准备打斗等情境相关联。

所以，“fist product”这样的翻译会让外国听众感到费解，甚至可能会产生误解，以为是那种靠强硬手段去推广或者存在不良竞争意味的产品，而完全偏离了中文原本积极肯定的含义。其实更恰当的翻译可以是“competitive product”（有竞争力的产品）或者“core product”（核心产品）等，这样更符合英语语言习惯以及相应的表达逻辑，能准确传达出原中文词汇所蕴含的积极正面的意思，避免因语言习惯和文化内涵差异造成的理解偏差。翻译人员在进行外宣翻译时，不仅需要掌握语言的基本结构和词汇，还要深入了解目标语言的文化和习惯，以避免类似的误译情况。

不仅如此，汉语外宣语言中常采用精致的修辞和各种文艺手法，这些特点在翻译成以简洁朴素为主的英语时，往往会带来困难。此外，汉语的快速发展和新词汇的不断涌现，也为翻译带来了挑战。例如，像“显眼包”、“百模大战”和“特种兵式旅游”等新词和表达方式，往往让译者在寻找合适的英文表达时感到困惑。

爱泼斯坦等人（2000）曾强调，“外语是决定外宣效果的最直接因素……事实上，外国人所看到的不是中文稿而是外文稿。一篇好的中文稿，也就是说，符合对外宣传要求的中文稿，在一个外语水平不高，又不懂对外宣传的译者手里，可以变成一篇外国人不爱看、不明白的外文稿；一篇不怎么好、不大符合对外宣传要求的中文稿，在一个外语水平高又懂对外宣传的译者手里，却可以变成一篇外国人爱看、易懂的外文稿。50年外宣实践经验证明，外语是决定外宣效果的最直接因素。这个道理应该是不难理解的”。

这说明，对于外宣翻译工作者而言，首先必须克服语言上的困难，这是翻译质量的关键所在。在翻译过程中，译者不仅需要掌握两种语言的基本结构，还要对目标语言的文化和表达习惯有深入理解，以确保翻译内容能够准确传达并被目标受众接受。

4.1.2 文化差异带来的挑战

语言不仅是交流的工具，更是文化的载体，承载了丰富的文化积淀。通过语言的传承，人类能够将文化精髓和生活习俗一代代地传递下去，从而塑造民族和国家的核心精神。因此，语言不仅是文化的一部分，也是文化的主要表现形式。随着民族的发展，语言不断演变，反映了社会和文化的变化。不同民族有其独特的文化、历史和风俗习惯，这些特征通过语言得以体现。因此，语言不仅承载着文化，也是一个民族文化的重要标志。

在世界上，各民族拥有自己独特的文化。张健（2001）指出，各种文化既有相似之处，也有各自的特色。相似之处为文化间的交流和翻译提供了基础，而文化的差异则可能构成障碍。中外文化的巨大差异常常会给外宣翻译带来诸多挑战，而克服这些挑战是实现外宣目标的关键。中华文化源远流长、博大精深，外国受众对中华文化的兴趣日益增加，原因包括中国改革开放以来国家综合实力的提升、国际形势的变化及中国推行和平、发展、合作的外交政策等。同时，中国也积极通过各种外宣途径塑造国家形象，向外国人展示中华文化及中国的立场，以增强国际竞争力。然而，由于中外文化差异，翻译工作中面临的挑战不容小觑。

黄友义（2004）曾指出，中西文化差异导致思维习惯和表达方式的不同，直接影响翻译效果。许多中文中常见的表达如果直接翻译成英文，往往无法准确传达原意，甚至可能引发误解。张健（2001）也分析了文化现象的相同与差异，认为译者应运用辩证唯物主义和历史唯物主义的方法，客观分析文化现象。在符号转换过程中，译者需要考虑目标读者对异国文化的接受能力。

在英语和汉语中，某些表述的比喻和联想意义可能大相径庭。以“公关”（public relations）为例，在中文中它通常指代企业或组织维护和促进良好公众关系的活动，而在英语国家的语境下，“public relations”不仅涵盖了同样的意义，还常常带有一定的商业色彩和操控公众形象的含义。如果直接将“公关”翻译为“public relations”而不加解释，可能会让外方读者误解其商业意图。再如，中文中的“和谐社会”被广泛使用来描述一种理想的社会状态，强调社会的和谐与稳定。然而，在英语中，直接翻译为“harmonious society”可能无法完全传达其内涵，因为“harmonious”一词在英语中可能不如在中文中那样具有深厚的文化背景和政策意图。为了更准确地传达这一概念，翻译时可能需要附上详细的解释，说明它在中国社会和政策中的具体含义。另一个例子是“龙舟节”。在中文中，这一节日庆祝的活动富有文化象征意义，并被称为“端午节”。然而，直接翻译为“Dragon Boat Festival”虽然能够描述节日的主要活动，但可能无法全面传达其文化背景和历史故事。因此，在对外翻译传播中，除了直接翻译，还需提供背景说明，以帮助外国读者更好地理解这一节日的文化重要性。

由此可见，对外翻译不仅需要掌握语言的基本技能，还需对目标语言国家的文化背景有深入了解。只有这样，翻译工作者才能有效地应对文化差异带来的挑战，准确传播中华文化，提高中国在国际舞台上的软实力。

4.2 中国故事对外翻译原则

4.2.1 “融通中外”的原则

所谓“融通中外”，一方面是指我们的新概念新范畴新表述要符合中国国情，有鲜明的中国特色；另一方面要使其对接国外习惯的话语体系、表达方式，让国际社会更易于理解和接受。译者要寻找中外不同文化、语言、视角的对接点，贴近外国受众的思维习惯和语言习惯，积极学习借鉴国外有益的文明成果，用外国人听得懂、听得进的话语进行翻译，实现中国故事的有效传播。

首先，若要实现融通中外，就务必深入了解国际流行的话语体系。对外讲好中国故事并非仅将中国话语简单地翻译成外文便算大功告成，而是要达成译者所期望的理解成效。为此，必须在话语体系层面做到知彼知己。若不深入探究，中国故事即便被翻译，也可能因话语语境差异而遭曲解。比如一些富有中国哲学内涵的表述，直译成外文可能让外国受众一头雾水。唯有深入了解国际流行话语体系，清楚对方的表达习惯与思维模式，同时精准把握自身文化精髓与话语特色，才能在翻译或传播中灵活转换，使中国故事以符合国外受众认知的形式呈现。

其次，融通中外，必须做到切实了解外国受众的思维模式和阅读习惯。如此方能尽可能使译文更接西方受众的地气，让我国的国际传播工作得以扎实落地。除了意识形态的差异以及文化传统的不同外，在“翻译中国”的过程中需时刻谨记中文是一种高度概括性的语言，而英文则是极为具象的语言。中文里那些脍炙人口的表述，在翻译成英文时，不仅缺失语言的美感，还令英文受众摸不着头脑。比如我们说“稳中求进”，外国受众会追问具体要稳定什么，进展又指的是什么。我们说中国文化博大精深，外国人会追问博在何处，深到何种程度。原本中文是极具形容性的表述，英文却非要进行量化。

最后，融通中外，需要运用鲜活的语言而非字典中陈旧的英文。从事对外翻译工作，译者自然需要不断查阅英文字典，但必须明确字典中的用法并不等同于当下老百姓的习惯表述。例如，在新闻发布会上介绍部门负责人时，有一个身份是“负责日常工作的副部长（副局长）”。“日常工作”如果按照字典直译为“in charge of routine work”，就相当于从事自己平常分内的工作，根本体现不出这是一个单位的常务副部长或者副局长。中文所说的“日常”实则是常务的意思，而非每个人都从事的日常工作。一味死盯着字典翻译，就降低了这位领导的身份和权威性。因此，融通中外需要跳出陈旧的字典语言，运用英语国家流行的鲜活用语。

4.2.2 “内外有别”的原则

读者反应与接受一直是翻译研究关注的焦点。中国故事对外翻译所面向的对象是国外受众。以国外受众为中心是中国故事对外翻译的重要特征。由于身处不同的环境，国内外受众在语言表达、文化习惯、思维方式和对信息的需求等方面存在着很大的差异。因此，在中国故事对外翻译时，必须遵循“内外有别”的原则。这一原则通常涵盖五个方面：受众、传播目的、传播内容、传播方式以及语言文字的差异。其中，受众的差异是最需要关注的关键因素。受众的差异包括客观和主观两个层面。客观方面，指的是境内外受众在文化、政治、思维方式和语言表达上的不同；主观方面，则是指传播方在面对不同受众时，对传播效果的期望有所不同。因此，根据不同受众群体的特点，调整传播内容和方式，以实现最佳传播效果，这正是“内外有别”原则的核心。

现代传播学认为，受众的需求应当放在传播活动的首位，无论是选择信息内容还是制作传播产品，都应从满足受众需求出发，以确保传播的效果和影响力。中国故事对外翻译的关键，不在于机械地翻译语言，而是在于做到简明易懂，提升传播效果。在对外传播时，翻译者应考虑到受众的接受习惯和语言特点，确保译文的清晰和易懂。

由于国内外受众生活在不同的语言、文化、政治和地理环境中，他们对信息内容的兴趣和需求各不相同。正如张健（2008）所言，“在此一国是家喻户晓的事情，在彼一国竟如天书，反之亦然”。例如，“希望工程”和“改革开放以来”，如果仅按字面翻译为“Project Hope”和“since the beginning of the reform and opening up”，外国读者往往会不知所云。为了避免这种情况，可以采用以读者为中心的解释性翻译，适当增加背景说明。具体来说，可以将它们分别翻译为“Project Hope, a programme to collect money from all sectors of society to support education in poor areas”“since the beginning of the reform and opening up in 1978”。这样不仅传达了原意，还能帮助外国读者更好地理解相关背景。

因此，中国故事对外翻译的译者必须树立“内外有别”的意识，以译语读者（通常是外国民众）为核心，关注他们的思维模式和阅读习惯，在不改变原意的前提下，灵活调整措辞，适当增减、改动或解释某些部分，以增强译文的可读性和针对性，以他们喜闻乐见的方式传递原文中的关键信息。

4.2.3 “外外有别”的原则

王银泉（2009）提出，面对各种不同的外国受众时，新闻报道类的对外宣传若想获得可信度和说服力，不应采取千篇一律的方式，而需根据各国的具体情况实施“外外有别”的策略。这意味着，我们必须在不同外部之间作出区分，做到针对不同国家和地区的文化背景和需求进行调整。王银泉的观点表明，若不考虑各国受众的具体文化背景，外宣内容的有效性和说服力将大打折扣。

目前，尽管中国在对外宣传方面已有所进步，但关于“外外有别”的原则在跨文化传播学中的研究仍然有限，尤其是在对外翻译领域。虽然中国与美国的跨文化交流研究相对较多，但对中国与其他国家如法国、德国、日本等之间的文化差异的深入研究还不够。即使在英语使用国家和地区，英式英语和美式英语的语言差异也说明了文化背景的影响。

譬如，一些国家的商标法可能因本国的文化习惯而设有特殊规定或禁忌。因此，在设计出口商品的品牌和商标时，必须考虑到各个地区的社会文化传统，避免触犯当地的风俗习惯和宗教信仰，特别要注意避开各国的文化禁忌。如我国出口的白象牌电池在东南亚地区畅销，因为在该地区“白象”被视为吉祥物。然而，在欧美市场，这一品牌的英文翻译为“White Elephant”，在欧美文化中，“White Elephant”意指“无用的累赘”，这使得其市场表现不佳。这表明品牌名称的文化适配性对于市场成功至关重要。再如，孔雀在中国象征美丽与吉祥，但在西方文化中常与虚荣和炫耀联系在一起；郁金香在荷兰象征爱情与优雅，而在法国其文化意义较弱，且其黄色变体可能隐含消极话语。类似地，大象在斯里兰卡和印度被尊为庄严的象征，但在欧洲则常被视为笨拙的代名词。这些文化差异提醒我们在品牌设计和广告宣传中必须谨慎。

在对外文化输出中，出版物和影视作品也应根据受众的文化背景进行调整。例如，《西游记》虽然在一些西方国家可能受欢迎，但因其中有猪八戒形象，不适合输出到阿拉伯国家。

在2007年4月6日的“中译外——中国走向世界之路”高层论坛上，时任国务院新闻办公室主任蔡武指出，对外介绍的内容应当紧密贴合中国的实际发展情况以及国外受众的需求。翻译和外宣人员应深入研究目标国家的文化和心理特征，识别并分析中外文化之间的细微差异，理解两种文化和语言的内在逻辑及表达方式的差异。他特别强调了“三贴近”原则，即内容要贴近中国的实际情况、贴近国外受众的需求，以及贴近受众的思维和语言习惯，这些原则是有效对外宣传和翻译工作的基础。

总之，单一的外宣政策难以适应所有受众的需求。我们需要认真考虑每个国家和地区的独特文化背景，以避免造成误解和不必要的困惑。即使是在使用英语的国家，也应根据受众的社会地位、职业、年龄、性别、宗教信仰、政治取向等因素进行细分，从而确保对外翻译的精准性和针对性。只有在充分理解各国文化差异的基础上，才能有效地进行中国故事对外翻译，达到预期的传播效果。

4.2.4 “润物无声”的原则

在探讨中国故事的对外翻译时，除了“融通中外”“内外有别”和“外外有别”的原则外，还有一个关键的原则是“润物无声”。这个原则不仅是一种规范，也可以被看作对外翻译中的一种艺术。

“润物无声”意味着在传播过程中应隐含宣传意图，通过自然的方式让受众在不知不觉中接受信息。这种方法比直接、强硬的说教更能引起受众的认同和接受。社会心理学研究表明，当受众意识到宣传者的目的是维护自身利益时，往往会产生逆反心理，从而削弱宣传效果（王银泉，2009）。在西方，尤其是美国的对外宣传中，常常采用隐性宣传技巧。新闻报道被精心编排，使其看似客观、公正，以此获得受众的信任。例如，美国的宣传媒体善于将其观点隐蔽在看似中立的报道中，通过细致的语言艺术和逻辑缜密的情节传达其价值观，从而在潜移默化中影响受众。艾森豪威尔曾表示，花在宣传上的每一美元，其效果等同于国防上的五美元，这也反映了媒体在文化软实力建设中的重要作用。

在对外翻译实践中，应借鉴这一隐性宣传的技巧。对外翻译人员应摒弃直接的说教方式，改用更为含蓄和间接的方法来传递信息。将宣传内容自然地融入生动的报道中，使受众在享受内容的过程中，自然地接受传播的观点。例如，在旅游景区的警示语翻译中，避免使用直接的“Don’t”来传达负面信息，而应以更加温和的方式进行表达，以改善受众的体验。

在提升我国软实力的外宣工作中，对外翻译应当有意识地学习和掌握“润物无声”这一原则，以增强外宣效果。在党的十七大报告中，胡锦涛总书记详细阐述了文化软实力的重要性，具体包括以下几个方面：首先是思想理论的教育和武装作用，其次是共同理想的激励与凝聚力，再者是民族精神的保护及时代精神的创新能力。除此之外，还包括全体人民团结进步的精神支撑和中华民族持续奋进的动力，推动文化内容和传播手段的创新能力，以及对舆论的引导和对经济、队伍建设、环境建设的支持作用。党的二十大报告指出，我们要“不断提升国家文化软实力和中华文化影响力”。为增强中华文化的国际影响力，在对外翻译过程中应注重运用宣传技巧，善于用客观事实进行表述，让受众自行形成判断。这种方法有助于使中华文化软实力真正具备广泛的影响力。

为了有效地适应国际政治环境和外国受众的接受习惯，翻译工作应避免过于高调的表达。最有效的策略是通过客观报道和事实描述，隐含传播倾向，以“润物无声”的方式表达观点，巧妙地融入文化和价值观，从而使中国故事更具说服力和吸引力，以达到潜移默化的宣传效果。这种方法不仅能提升中国的软实力，也能确保传播效果的最大化。

4.2.5 “以语篇为中心”的原则

语篇（discourse/text）是指在特定语境中能够传递完整意义的语言单位，其定义往往涵盖了广泛的内容。语篇源于生活，与社会环境紧密相关，其研究涉及多个层面。在一般的语篇研究中，语篇的定义常常较为宽泛。根据胡壮麟教授的分析，语篇指的是在特定语境下能够表达完整语义的自然语言单元，这些单元不完全受限于句子的语法规则。胡教授认为，语篇包括任何长度的口语或书面语段落，只要在语义上能够形成完整的意义。语篇不仅涉及“语篇结构”、“语言结构”和“语篇组织”，还强调了其超越句子语法的特性（胡壮麟，1994）。黄国文对语篇的定义强调了语篇的结构性和功能性。他认为，语篇是一系列连续的语段或句子组成的语言整体，这种整体是语义单位而非形式单位（黄国文，1988）。著名语篇研究学者博格兰（Beaugrande）和德雷斯勒（Dressler）（1981）认为，语篇作为“交际活动”，必须具有衔接性、连贯性、意向性、可接受性、语境性、信息性和互文性七项标准。

在翻译研究中，传统的翻译方法主要关注字词和句子。这一方法在早期的西方圣经翻译和中国佛经翻译中均有所体现，那时翻译工作侧重于逐字逐句的对照。这种方法常常忽略了语篇作为更大语言单位的作用，结果可能导致语篇的破碎和不连贯。随着时间的推移，20世纪50年代中期，学者们开始提出以句子为单位的翻译策略，但这种方法仍未完全解决语篇层面的整合问题。在现代翻译理论中，语篇被视为语言交际的基本单位，它包括了段落、整篇文章、对话等较大的语言单元。语篇作为翻译的核心单位，能够确保译文的连贯性和整体性。翻译不仅仅是对单个字词和句子的转换，更重要的是要在语篇层次上进行，以实现源语和译语之间的最大程度的对等（李运兴，2001）。翻译工作必须以语篇为基础，才能确保译文既“忠实”又“通顺”。这种方法不仅有助于保持原文的整体意义，还能提高译文的流畅性和自然度。因此，将“以语篇为中心”作为对外翻译的重要原则，是确保翻译质量和效果的关键。

在中国故事对外翻译中，建立清晰的语篇意识至关重要。单纯对字词、句子或段落进行逐一翻译，无法确保译文在篇章层面上的有效传达。为了充分理解并准确传达原文的真正含义，必须从语篇的整体结构入手，综合运用多种翻译技巧。这种方法不仅关注微观层面的字词和句子，还重视宏观层面的篇章结构，从而实现译文的“忠实”和“通顺”。

首先，语篇意识在对外翻译中尤为重要，因为翻译不仅需要在语言层面上进行对等，还需要在语篇层面上实现有效对接。语篇与特定的情景和语境紧密相关，作者在创作时会根据具体的表达媒介、人物身份、态度以及与读者的关系来选择适当的语言。因此，翻译时必须以语篇为基础，才能准确传达每个词汇在上下文中的确切意义。其次，以语篇为核心能够确保原文的意图得到正确传递。对外翻译不仅要实现基本的语义对等，还需确保译文在风格和表达上与原文一致。通过关注语篇，译者能够传达原文的风格和重点，使译文更好地体现原文作者的意图和风格。最后，为了使译文更加流畅和自然，译者需要掌握目标语言的语篇结构特征和组织规律。这意味着要了解不同语言中的语篇特征及其反映的思维模式。在翻译过程中，需要进行必要的结构调整，避免生硬的“翻译腔”，以实现译文的自然流畅和准确表达。

从中英文语篇特征上的差异角度来说，中文外宣材料有特殊使命，与英文差异明显。如汉语用词追求雅文，英语趋于直白；中文外宣材料注重修辞，辞藻华丽，常引经据典和用修辞手段，英文宣传材料多沿袭“自然描写文”写法，文体平实，用词具体，注重信息披露。例如：

原文：在这种大好形势下，公司决策者提出“内练硬功、外塑形象、居安思危、稳步前进”的发展思路，投巨资在北京南三环建起了一座占地3 000平方米，集办公、培训、实操、营业于一体的综合大楼……为今后的持续健康发展奠定了坚实的基础。

译文：In this favorable situation, the company *has made a plan to lay a solid foundation for its sustainable development*. An investment has been made for the construction of a 3 000-quare-meter building in the South 3rd Rind Road of Beijing *for office work, professional training, practice and sales*.

从上例全文看，不能说“提出了思路”就“投巨资”，二者没有直接的因果关系，况且这些口号都是企业内部事务，拿来对外毫无意义。因此，可以结合上下文，抽象概括出其实质意义，将全句整合为“在大好形势下，公司作出规划，投巨资建起一座综合大楼，为今后的持续健康发展奠定了坚实的基础”，对全文进行“重写”。如果谋求英语译文在表面形式上与汉语原文的一致，必然会导致译文受者不能接受的结构臃肿以及逻辑混乱，无法达到宣传效果。因此，汉译英时，应根据汉语和英语的语言特点，适当地删减压缩，去掉那些不适当的重复、溢美之词，取得英汉语言功能上的对等，以达到宣传的目的（袁晓宁，2005）。

从中英文语篇结构的差异来看，两种语言在处理同一体裁的文本时展现出显著的结构性差异。例如，以“科研论文”的写作方式为例，英国和法国的写作风格就有明显的不同。在英国，科研论文通常在开头部分对相关领域的研究现状进行详细综述，以此来展示自己研究的创新性和填补了领域内的空白。而法国学者则倾向于直接陈述研究观点，认为开头的综述并不必要，这种方法旨在突出自己研究的重要性。在论文的主体部分，英国学者会详细说明研究所依托的学派、传统和理论依据，而法国学者则更加关注研究的独特性。在结尾部分，英美传统通常会强调研究的局限性，而法国学者则会指出未来研究的方向及重大课题。这些差异表明，语篇的体裁和结构不仅是语言习惯的体现，也是文化约定的结果。即便在文化相近的英美和法国之间，语篇的结构差异也显而易见，更不用说中西文化之间，语篇结构的差异将更加显著和复杂。

因此，将“以语篇为中心”作为对外翻译的核心原则，是解决中英文语言信息差异、克服信息传播障碍的有效途径。在实际翻译过程中，翻译人员需要关注译文的整体协调性，不仅是对单词和句子的准确翻译，还包括译文的连贯性、风格和语境的适配。良好的翻译实践不仅要避免生硬的语言转换，还需根据目标语言的特点进行必要的调整，以使译文自然流畅，准确传达原文的信息和意图。只有这样，才能有效地实现翻译的目标，增强中国在国际上的软实力。

5 中国故事对外翻译的主要问题及成因

5.1 中国故事对外翻译的主要问题

5.1.1 语言层面的问题

段连城将这类翻译错误称为“甲型病状”，指出其主要特征包括错别字频繁、语法错误以及用词不当。虽然这些问题通常不会导致严重的误解，但它们可能使译文显得“没有文化”或“马虎草率”（段连城，1990）。林戊荪则将类似错误称为“外伤”，或称为“硬伤”，这类问题主要涉及拼写、大小写及其他校对和文法方面的失误。由于这些错误多与语言的文字和语法规则相关，属于语言内部的问题，因此可以将其统称为“语言层面的问题”，以描述对外翻译过程中常见的不足之处。

归纳而言，常见的语言错误可以划分为以下几种情形：

（1）拼音错误

在各种公示语、旅游手册等外宣类材料里，拼音错误极为常见，其主要涵盖拼音拼写有误、用拼音替代翻译以及不恰当的拼音缩写这几种情况。

在多数情形下，拼音拼写错误是由翻译者的粗心导致的。在中文里有些声母和韵母的发音相近，比如“-in”和“-ing”，“-en”和“-eng”，“ch”和“c”，“sh”和“s”，“zh”和“z”等。这些相似的发音对于翻译者，特别是南方人来说，很容易混淆出错。比如，某地铁线路有一个站点叫“芳华路站”，每当地铁抵达该站时，车厢内的电子显示屏是以先中文后英文的方式展示的，其中英文写着“We are now at Fan Hua Road Station”。很明显，这里存在拼写错误，应当是“Fang Hua Road Station”。

还有一种情形是运用了不恰当的拼音缩写。比如上海的简称是“沪”，有很多关于上海的名称也常常会用“沪”来表示，这对于中国人来说理解通常不存在困难。但是如果在英译时直接用汉语拼音“Hu”，显然对外宣的受众来说是无法理解甚至是茫然不知所措的。然而在实际中，却总是存在这样的问题。比如，某高速公路上有一块指示牌写着“沪青公路——HUQING RD”。这样的翻译外国人很难看得明白，正确的翻译方法应该是把其全称翻译出来，即“Shanghai-Qingpu Highway”。

（2）标点错误

标点错误在外宣资料中经常出现，虽然看似微不足道，但一个小小的标点符号有时可能带来巨大的损失，因此我们必须重视并认真对待这些细节。

典型的错误是在英文中撇号的缺少。比如，在上海市某热闹市区的一块路牌上写着“河南中路——HENAN RD （M）”。在没有撇号的情况下，这个英译既可以被理解为“HE’NAN RD （M）”，也可以被理解为“HEN’AN RD （M）”，这肯定会对外国游客造成误导。

实际上，根据联合国教科文组织制定的中国专有名词翻译方案，中国的省份和城市名称应使用汉语拼音，并将其视为一个整体来拼写。然而，令人惊讶的是，许多中文地名却被翻译成了两个词而不是一个。例如，Hu Nan、He Bei、An Hui 等地名常常以两个词出现。根据规范，行政区划名如省（自治区、直辖市）、市、区、县、镇及街道等在英文翻译时应该拼写为一个词，中间不应分开。实际上，这也是国内较为流行的翻译方式，《中国日报》《北京周报》《上海英文星报》等权威英文媒体均遵循这一翻译标准（张健，1997）。

另一种常见的标点符号误用情况是将中文的顿号“、”直接应用于英文中。顿号在中文中用于表示并列词语或短语之间的轻微停顿。然而，英文中并不存在顿号这一标点，因此在翻译时，中文的顿号通常需要用逗号代替。例如，在某一公司的英文简介中有这样一句话：“Its commercial real estate includes commercial office building、high-end leisure real estate、star-rated hotels、commercial conventions and exhibitions、shopping centers、urban complexes, etc. Our company boasts capabilities of developing a wide range of properties.”如此大量使用顿号会让以英语为母语的西方人看了感到莫名其妙。

（3）拼写错误

拼写和大小写错误在外宣材料、景点介绍或标识语中同样会让外国读者、游客感到困惑甚至觉得滑稽。这类错误不仅影响了材料的专业性，还可能让读者、游客觉得我们的翻译和校对工作不够认真，敷衍了事。

在火车站、地铁站、机场、购物商厦、饭店、旅游景区等公共场合的公示牌、广告牌或者路标上，我们常常能够看到单词拼写出现错误。例如，某景点的公示语“Visitors Guide”被错误地翻译为“Vistors Guide”，将“Visitors”错拼为“Vistors”；“禁止携带宠物”译为“No Pets Aliowed”，将“allowed”错拼为“aliowed”；“花草含羞笑 请君莫采摘”的英文被错误拼写为“ON TRESPASSING ON THE GRASS”，而非“NO TRESPASSING ON THE GRASS”；“文明旅游 安全出行”中的“文明”被错误拼写为“civilizationg”而非“civilization”，等等。以上例子都属于明显的拼写错误。

单词误拼看起来似乎是小错误，但实际上并非如此。因为这会令人难以理解，对对外宣传的效果产生严重影响。

（4）语法错误

语法错误的涵盖范围很广，包括单复数错误、缺少冠词、词性乱用以及时态错误等，各式各样的错误都存在。仅列举几个例子，便能够看出大概情况。

例 1：某设计装饰公司被翻译为×××Design & Decorate Co. Ltd.。显然，“Decorate”是动词，而动词不能用来修饰名词，只有形容词或名词才可以修饰名词，所以应该将动词改为其名词形式“Decoration”。

例 2：在某火车动车组列车座椅后背上，有着这样一段中英对照的文字：“到站的旅客，请往前门下车，Arriving passengers, please forward door alight”。显然，这里的英文语法存在问题，估计是翻译者对照着汉英词典逐字添加而成的。

例 3：某地路标照片上，清楚地显示“民族园”被翻译成“Racist park”。大家都知道，“Racist”这个词在英文中是贬义词，带有明显的种族歧视意味，所以，这样的标示牌会被外国人嘲笑。

例 4：某地市场上的警示牌“购物时辨明真伪，购物后请保存发票”被翻译为“Please made correct judgment on the goods when purchasing. Always keep the receipt for any claim”。在祈使句中不用动词原形“make”，却使用其过去式“made”，这是典型的语法错误。

可以说，对外翻译中语法类的错误极为普遍。而客观来讲，中国的英语教学一直以来是以语法教学为主导的，中国学生的英语语法考试成绩总体上还不错，所以按理说中国人英语语法的掌握水平应该是比较好的。但是，从对外翻译实践中所反映出来的各种语法错误可以看出，仅仅死记英语语法的条条框框与真正理解英语语法并正确运用到对外翻译实践中，还是有着很大差别的。

（5）译名不统一

译名不统一是指对外讲好中国故事中出现的同一个概念术语存在着几个不同译名的现象。譬如，“北京西站”就有 beijingxizhan，beijing west railway station，beijingxi railway station 等不同的译名。南京中华门城堡针对中华门的英文标识有三种译文，分别是 Zhonghua Gate，ZHONG HUA Gate，Zhonghuamen Gate。按照我国有关专有地名标写标准，应该是专名加通名的写法。因此，中华门译名应统一为：Zhonghua Gate。无独有偶，被誉为天下第一奇山黄山的常见的译名有三种：Mount Huangshan，the Huangshan Mountain，the yellow Mountain。前两种译法采用音译为主辅以直译，Mount Huangshan，是音译加辅译，the Huangshan Mountain 是音译加直译。所不同的是，“Mount”大写表示山峰的名称，mountain 则是一般表达。第三种翻译方法是简单的字对字翻译。与前两种译名相比，这个翻译更加不妥，会造成游客对这座名山误解，使人误以为这座山的颜色是黄色。而事实恰恰并非如此，黄山看上去其实是黑色的，正如它的旧称“黟山”所示，“黟”即黑色（张江帆，2009）。

在上海，一些记者曾经观察到，部分公交车使用的电脑双语报站系统在英文站名的表述上存在不一致的问题。例如，同一站点在不同线路的报站器上的英文名称有所不同。以外滩的南京东路站为例，一些线路的报站器将其标示为“Nan Jing Dong Road”，而另一些则用“East Nan Jing Road”。此外，某些公交线路的报站器将金陵中路站标示为“Jin Ling Road Middle”，而路牌上的英文则为“Central Jin Ling Road”。尽管这些差异对长期居住在上海的留学生影响不大，但对于新来上海的外国游客而言，这种不一致的英文翻译可能会造成困扰，使他们在出行时感到困惑。缺乏统一的英文译名使得外国游客可能会在中英文翻译的混乱中感到困惑，从而使这座国际大都市在他们眼中变成了一个难以导航的“迷宫”。

实际上，早在1987年，中国地名委员会、城乡建设环境保护部（现住房和城乡建设部）和国家语言文字工作委员会联合发布《关于地名标志不得采用“威妥玛式”等旧拼法和外文的通知》，规定地名和路名标识不得直接使用英文或其他外语翻译，必须采用汉语拼音进行标识。此后，1999年10月，GB17733.1《地名标牌城乡》（2008年8月升级为GB17733《地名 标志》）国家标准实施，进一步明确，汉语拼音的拼写方案被设为强制性要求，规定城乡地名标志（如路牌、街牌、门牌）必须采用汉语拼音作为标识。

（6）语用失误

语用失误的概念由Jenny Thomas（1983）提出，指的是表达不合适或表达方式不妥，导致交际无法达到预期效果的语用和文化错误。语用失误可以分为语用语言失误和社交语用失误。这两种失误往往源于英汉两种语言在文化背景、生活习惯等方面的巨大差异，从而导致翻译中的误解和误译。

语用语言失误指的是在翻译过程中忽视了英汉语言结构、表达方式及文化内涵之间的差异，导致翻译人员未能正确理解或使用英语的习惯表达方式。这种失误通常表现为将母语的表达结构直接套用到英语中，或误用其他英语表达结构，从而无法准确传达原意，甚至引发误解。

社交语用失误则发生在交际过程中，当翻译人员未能充分考虑或理解交际双方的社会、文化背景差异以及交际规约时，往往会发生社交语用失误。这类失误与交际双方的身份、会话的语域以及话题的熟悉程度等因素密切相关。

①语用语言失误

第一，误用不准确的语言表达方式。

一个典型的例子是“平均主义”的翻译问题。在汉语中，“平均主义”通常指在没有激励机制的情况下，对所有人给予相同的待遇或报酬，这是一种贬义词。而在英语中，“egalitarianism”指的是政治、经济和法律上的平等，这一概念通常带有褒义。因此，将“反对平均主义”翻译为“oppose egalitarianism”是一个误译，这不仅使原文信息失真，还歪曲了语用意图。这种翻译的结果是“南辕北辙”，即翻译后的内容与原意相去甚远。虽然“平均主义”与“egalitarianism”在表面上看似相对等，实际上却是“假朋友”——表面相似却内涵不同。这样的翻译可能让目的语读者误以为我们主张拉大贫富差距，这显然与原文的交际意图大相径庭。这里的“平均主义”应翻译为“levelling-out”或作解释性翻译，如“get equal share of payment regardless of the work performance”。

另一个例子是“小康社会”的翻译问题。古代《礼记》中提到的“小康”指的是一种相对宽裕的生活状态，介于理想中的“大同”社会和实际的生活水平之间。早期，有些媒体翻译“小康社会”时使用了“a well-off society”，但根据《牛津高阶英文词典》的定义，“well-off”意味着“拥有很多钱”或“处于良好状况”，这一翻译并不准确，误导了国际社会，给人以中国已步入富裕阶段的错误印象。这样的翻译可能被别有用心的外国政客利用，误导国际舆论，造成不必要的误解和损失。经过修正，“小康社会”翻译为“a moderately prosperous society”或“a relatively comfortable life”，更准确地反映了中国的现状。这些译法清晰地表明中国仍处于社会主义初级阶段，发展尚不均衡，未来目标是“全面建成惠及十几亿人口的更高水平的小康社会”，这种修正避免了模糊概念。

第二，套用汉语语言表达方式。

“热烈欢迎外国朋友下榻本酒店!”这是某涉外酒店悬挂横幅上的欢迎词，其对应的英译文是：Warmly welcome foreign friends come to our hotel! 很明显，这个译文与原文近乎是“亦步亦趋”，属于逐字对应的生硬翻译，是一种不考虑对等原则的纯粹语义翻译。该酒店的这条横幅标语目的是向入住酒店的国外友人表示热烈欢迎，营造出温馨、温暖的氛围，让他们有一种宾至如归的感觉。所以，这条横幅标语应该采用交际翻译。

当信息的内容与效果出现矛盾时，交际翻译更注重译文的交际效果而非字面内容，强调在目的语中使用自然、贴切的表达方式来重现原文的意图。交际翻译旨在弥补语义翻译中的意义流失，使译文不仅准确传达原文的信息，还能在目的语环境中产生与原文相近的交际效果。译者可以通过添加有助于读者理解的词汇，或对原作进行必要的修正，使其符合目的语的语言规律和文化背景，从而使译文更加流畅、自然、易懂。高云和韩丽（2004）指出，“语用翻译强调信息的效力，注重功能的对等，以实现译文与原文的语用等效”。他们认为，无论是语用语言等效翻译还是社交语用等效翻译，其目的都是让译文读者获得与原文读者相似的交际效果。语用翻译的核心在于确保译文在交际效果上与原文保持一致，因此，语用翻译实际上也是交际翻译的一种形式。

上述酒店标语的英文翻译因简单套用汉语表达方式，导致了负迁移。特别是“foreign”一词的使用，使得外籍客人可能觉得自己不属于这个“家庭”，不符合交际意图。黄文珍（2009）指出，译者由于未能充分理解双方的文化背景和交际双方的身份，造成了语言形式上的失误。为了避免这样的语用失误并实现语用等效，可以将翻译改为："Welcome to our hotel." 这一表达更自然、友好，符合目的语的交际习惯，能够有效传达酒店对客人的热情欢迎，同时避免了可能引发的文化误解。

②社交语用失误

语言背后蕴含着独特的社会文化传统，反映出不同的思维方式、行为习惯、价值取向和文化规范。在对外翻译中，作为跨语言和跨文化的交流行为，语言的每一次转换都深深地烙印着文化特征。然而，如果译者对跨文化交际的意识不足，忽视了中英社会文化和价值观念的差异，可能会导致社交语用失误。

许多针对外国消费者的宣传广告翻译直接照搬了中华民族的价值观念，而这些价值观念可能不为目标语的读者所理解、认同或接受。这种做法常常导致语用效果的不对称，进而产生社交语用失误，影响了信息的有效传达。例如，中国许多公司在产品广告中强调"科技牌"，突出产品的技术先进性、管理水平和科研实力。这类广告常用的表述包括"采用一流的设备和技术""利用科学的方法精心研制而成"等，这些说法在中国市场上能够有效地吸引消费者的注意力，并产生良好的宣传效果。然而，西方国家的消费者早已适应了以技术密集型为主的高科技生产体系，他们对于高科技产品的兴趣并不像中国消费者那样浓厚，更倾向于回归自然，青睐纯天然的产品。由于中西方价值观的差异，直接将中国的价值观念照搬到西方市场很难引起国外消费者的共鸣。例如，广告中的"PIC has merged scientific research, production and management in a whole."以及"a completely new concept of scientifically reducing fat"对于中国消费者可能具有较大的吸引力，但对于西方消费者来说，这些信息的价值就不那么明显了。因此，翻译时译者应考虑目的语的文化背景、受众的心理需求、文化认知和价值观，并树立跨文化传播和语用修辞意识。通过适当的翻译策略和技巧，译者应调整或改写原文，使译文在目的语读者中产生与原文在源语读者中相同的语用效果，从而避免因文化差异和价值观念不同而产生的社交语用失误。

再如，中文新闻报道、文学作品以及领导讲话等文体常使用富有汉民族特色的“战争”隐喻。例如，“打赢这场没有硝烟的战争”“中国军团满载而归”“白衣战士”“赛场硝烟四起，群雄逐鹿”“势均力敌”“鹿死谁手”等表达，形象生动且充满文采，常被国人津津乐道。然而，这些隐喻在文化圈外的人看来往往难以理解，甚至会感到不可思议。英美文化中并不习惯使用“战争”隐喻，因此如果译者忠实地直译这些隐喻，很可能给人留下不好的印象。比如，“构筑区域经济制高点”“防汛抗旱指挥部”“世界顶级跑车进军福建市场”中的“战争”隐喻，如果直译为“take up the commanding point in regional economic development”“Flood Prevention and Drought Relief Command Center”“World’s top sports car marches into Fujian”，将会显得不合目的语文化和修辞习惯，影响修辞效果。为避免这种文化和语用失误，译者应考虑目的语的文化背景和表达习惯，将这些隐喻进行适当的转化或释义，以达到更符合目的语受众文化和语用效果的翻译。例如：“构筑区域经济制高点”可以译为“Lead in regional economic development”；“防汛抗旱指挥部”可以译为“Flood Prevention and Drought Relief Center”；“世界顶级跑车进军福建市场”可以译为“World’s top sports car enters the Fujian market”。这样的译法能够更自然地融入目的语文化，避免产生误解。

5.1.2 非语言层面的问题

非语言层面的问题指的是在拼字无误且语法正确的情况下，外国受众却会觉得难以理解甚至完全不懂，更谈不上喜爱和欢迎的译文。段连城先生将这类错误称作“乙型病状”（段连城，1990）。而林戊荪对于内伤的定义相当于段连城对于乙型错误的定义，即“‘内伤’——也就是拼音和文法没有差错，表面上看着没问题，但由于用词不恰当，使人感到费解、产生误解乃至反感”。林戊荪还指出，“在数量上，第二类（内伤）比第一类（外伤）要少，不过有时产生的效果更差”。因为这类错误并非属于语言层面的问题。

非语言层面的问题大多呈现为以下情形：

（1）语气不当

对外翻译时，原文的语气和口吻是至关重要的。准确把握这些细微差别能够显著影响译文的效果。如果翻译未能准确再现原文的语气，可能会导致译文与原文在表达效果上的偏差，进而影响读者的理解和接受。

以公示语的英译为例，翻译公示语时，文化差异往往会影响目标读者的反应。例如，在中国，像“禁止停车”和“请勿触碰”的直接禁止性标语被广泛接受。然而，这种直接的表达方式在英语国家可能会显得不够礼貌或过于强硬，需要调整为更符合当地文化习惯的表达方式。在英语国家，间接和礼貌的表达通常更受欢迎，因为直接的命令可能被视为不够友好。在许多英文标识和公告中，常使用被动语态或礼貌用语来传达相同的信息。例如，标语“禁止吸烟”在中文环境中通常被翻译为“No Smoking”。虽然这种翻译在一定场合下可接受，但其直白的语气可能会被视为过于生硬。实际上，更符合英语文化的表达方式可能是“Please refrain from smoking.”或“Thank you for not smoking.”。这些表达方式既传达了相同的禁止信息，又带有礼貌的语气，能够更好地被英语读者接受。

类似地，“爱护绿化，爱护环境，就是爱护自己”这样的中文标语，直译为“Protect the environment”显得较为生硬，可以改为“Caring for the environment is caring for yourself”，这样既保留了原意，又用一种更自然、亲切的语气表达。

总之，翻译时应当考虑文化背景和受众的接受习惯，选择合适的表达方式，以确保翻译既准确又符合目标语言的文化礼貌标准。

（2）中式英语

中式英语（Chinglish）是一种畸形的、混合的语言文字，在用词搭配上不符合英语习惯用法，既非英语又非汉语。它往往受到汉语思维和相应文化背景的干扰，译者过分拘泥于原文字句，导致译文生硬晦涩、可读性差，在对外交际与文化交流中起到阻碍作用，无法达到理想的对外宣传效果。

在对外翻译中，造成中式英语的原因主要有以下几个方面：

①对号入座和想当然套译

在对外宣传的翻译中，使用生硬的字面翻译往往会带来困惑和误解。翻译过程中，单纯依赖字面意思和语序结构，常常导致中式英语的出现，这种“套译”的做法往往效果不佳。例如，“投资热点”被简单地翻译为“investment hot spot”，“豆腐渣工程”被翻译为“beancurd residue project”，而“一次性筷子”则误译为“one sex chopsticks”。

这种机械的翻译方式不仅无法达到预期的宣传效果，反而可能引发误解。例如，一个指示牌上写着“行人、自行车横过马路请走天桥”，如果翻译为“Please Use the Bridge of Bicycle and Pedestrian for Crossing the Road”，则显得生硬且不自然，更合适的翻译应为“Pedestrians and Cyclists Please Use the Overpass When Crossing the Road”。在旅游标志中，“天涯海角”被翻译为“The End of the World”（“世界末日、大难临头”），可能会给游客带来不必要的困惑，实际翻译应为“Land's End”，这样更符合实际地名的意义。同样，地铁上的“小心夹手”被翻译为“Risk of Punching Hands”显然不够准确。参考伦敦地铁的标识，更适合的翻译是“Stand Clear of the Closing Doors”。此外，“小心站台间隙”被直译为“Take Care of the Gap”也不准确，因为“take care of”通常表示“照顾”或“处理”，而不具备“小心”的含义，更恰当的翻译可以是“Beware of the Gap”“Watch Your Step”“Mind the Gap”“Danger! Gap!”等，这些表达方式更符合实际语境并能有效传达警示信息。翻译时应重视目标语言的文化和语境，避免单纯的字面翻译，确保信息传达的准确性和有效性。

②语言习惯的差异

中英文分属不同语系，表达方式各异。在对外翻译中，译者若忽略或不了解两种语言的表达差异，沿用汉语语序和表达习惯，就会产生“形式为英语，用词却不符合英语习惯”的中式英语（程镇球，2004）。中英表达习惯的差异主要体现在以下几个方面：

第一，常用强化语。

汉语常借助强烈的副词和形容词来加强语气，如“胜利召开”“隆重开幕”“圆满结束”“极为可耻”等，画线的词语都属于强化语。然而，直译这些强化语可能导致逻辑不通、语义重复或表达拖沓。英译时应遵循英语习惯，略去多余的强化语。例如，“圆满结束”不宜译为

“conclude with complete success”，而应直接译为“end”；“极为可耻”不应直译为“extremely shameless”，因为“shameless”已是最高级；“彻底粉碎”不可直译为“thoroughly smash”，“粉碎”本身就意味着彻底；“不幸遇难”不应直译为“be unfortunately killed”，遇难者本就不幸。

直译汉语中的强化语不仅会使译文冗长烦琐，还可能产生相反的效果，削弱表达的力度，从而直接影响对外宣传的形象。例如，将会议“胜利召开”直译为“The meeting is now successfully convened.”可能会使英语读者误解为会议召开过程中经历了许多困难。类似地，在政府工作报告中，常用的“积极”“认真”“大力”等评价性词汇是中国官方文件的特点，但直译成英语可能会造成误解。因此，在翻译时应避免这些强化语的直接翻译。

第二，语言夸张华丽。

汉语中常用夸张和华丽的词汇，尤其在旅游语篇中，四字句、平行对偶结构、引用诗词、辞藻华丽等手法屡见不鲜。这种风格对中国读者来说很自然，因为他们习惯于通过这些方式感受美的享受和熏陶。然而，西方读者对这种夸张和渲染的文风可能难以接受，认为它华而不实、矫揉造作，甚至感到反感。

因此，在进行对外宣传翻译时，需要考虑到西方读者的审美心理和语言习惯。翻译时应淡化这些华丽的修辞，使用更平淡朴素的语言，重点在于准确传达信息。例如，将“人间仙境，世外桃源”直译为“earthly fairyland”并不合适，因为“fairyland”通常指童话中的神奇世界，更好的翻译方式是使用诸如“a retreat / beaten track away from the hustle and bustle of the city”等平淡的词语，这样更符合西方读者的接受习惯，并能有效吸引他们前去观光。

另外，王弄笙（2000）指出，拟人法在汉语中经常出现，但在翻译成英语时，往往会受到汉语字面的影响，使译文带有中式英语的味道。他举了这样一个例子：

“中国社会主义建设的航船将乘风破浪地驶向现代化的光辉彼岸。”

初译：The ship of China's socialist construction will brave the wind and waves and sail to the glorious destination of modernization.

改译：China will stride forward in building socialism, like a ship braving the wind and the waves, toward the glorious destination of modernization.

初译照搬了原文的拟人修辞，导致翻译出现了明显的中式英语风格，并且英文表达不够自然，例如“ship”并无生命，现代化的主语应为人。改译则避免了拟人化，使语言更符合英语表达习惯，读起来也更自然流畅。

第三，文化习俗的差异。

2010年，中国肯德基在突破3 000家门店的新闻发布会上启用了全新的品牌口号“生活如此多娇”。此前，自2001年起，肯德基一直使用的品牌口号是“有了肯德基，生活好滋味”。这一口号有效地传达了品牌定位，赢得了中国消费者的认同与喜爱。其英语口号“finger-lickin' good”直译为“舔手指头，真香”，可能会显得突兀，因为这反映了中西文化的差异。在欧美，舔手指是表示对美食赞赏的常见行为，但在中国，这种行为被视为不卫生、不文雅。因此，“finger-lickin' good”在中文语境中可能无法产生相应的美味联想。因此，“有了肯德基，生活好滋味”在汉语语境中是一个成功的佳译，它在内容和结构上都符合中文语境的语用修辞要求，与中国读者的预期相契合，是汉语语境中成功的修辞。肯德基的这一品牌口号充分体现了其“立足中国、融入生活”的美好愿景，这也给对外翻译工作者带来了启示：要沟通文化差异，避免文化错位。

文化和语言密切相关，语言是文化的载体，特定的文化背景会在语言中留下印记。在翻译过程中，如果忽视文化差异，可能会导致译文无法实现预期的效果，甚至可能引发误解。例如，我国出口到美国的“轻身减肥片”最初被翻译为“obesity-reducing tablets”，这个名字在以减肥为时尚的美国市场上并未取得良好的反响。调查发现，问题在于这个翻译使人联想到该药物只适用于肥胖症患者。更改为“slimming pills”后，产品销售状况显著改善，因为这一名称更符合美国消费者的心理预期。

类似的例子还有许多，比如商家为了促销常使用“全城最便宜”的广告语。直接翻译为“Cheapest in town”可能会带来负面联想，因为“cheap”常被理解为质量差。相比之下，“value”一词更能传达“质优价廉”的含义，因此“Best value in town”更加得体，能够有效促进销售。

这些案例表明，翻译不仅仅是语言的转换，更是文化的桥梁。在跨文化交流中，了解并尊重目标受众的文化背景，能够避免语用错误，并达到更好的沟通效果。

5.2 中国故事对外翻译的问题成因分析

无论是语言层面的问题还是非语言层面的问题，其成因都较为繁多，既存在客观方面的因素，也存在主观方面的因素，而且有些成因既适用于语言本身的问题，也适用于非语言本身的问题，它们并非相互孤立，而是相互有重叠之处。不过，中式英语从根本上来说，还是译者的双语能力不足以及对两种文化的认知程度不够而导致的。

5.2.1 语言层面问题产生的原因

从客观角度来看，语言内的错误有时难以简单归为“翻译错误”，因为这些问题可能发生在外宣材料的打印、排版或印刷过程中，比如，打字员的粗心、校对人员的疏忽或长时间的日晒雨淋可能导致文字缺失等。然而，造成这些语言层面错误的根本原因在于对外翻译的译者在双语能力和工作态度上的不足。

首先，译者的语言能力不足是导致语言内错误的主要原因。语法错误，如时态不一致、介词使用错误或倒装结构不当，通常反映了译者对英语语法规则的掌握不够深入。这些错误不仅影响了翻译的准确性，还可能误导读者。拼音错误虽可能源于汉语声母和韵母的相似性或多音字的混淆，但有时也因译者直接用拼音代替翻译而产生。标点使用不当，如撇号和连字符的错误，通常反映了对标点规则的掌握不足。翻译中的省略或错误处理，往往不是简单的疏忽，而是由于译者在面对复杂内容时缺乏足够的努力和责任心。

其次，工作态度上的疏忽也是语言错误的一个重要因素。翻译不仅仅是语言转换，更涉及对文化背景和信息的准确把握。一些译者可能因为工作压力、时间紧迫或对某些内容缺乏兴趣而选择省略或不够认真地处理翻译，这种行为不仅仅是疏忽，更是对工作的敷衍和不负责任。这种态度会严重影响翻译质量，导致最终译文出现问题。

最后，语言和文化背景的理解不足也会导致翻译中的语言错误。翻译需要译者具备对原文语言和文化背景的深入理解。张健（2001）指出，“行话或俗语，内行一听就懂，外行似懂非懂，一般外国人则茫然不解”。这说明，翻译人员必须对特定文化和专业术语有充分了解，否则容易导致翻译的误解或不准确。张健（2001）进一步强调，“唯有实践，方能有所提高”，这说明，通过不断实践和积累经验，译者可以逐步提升翻译质量。

总之，语言内错误的产生不仅仅是因为后期处理中的问题，更重要的是由于译者双语能力的不足和对工作的重视不够。要提高翻译质量，译者需要提升语言能力，认真对待翻译工作，并深入理解文化背景。通过不断的实践和经验积累，译者能够更准确地完成翻译任务，从而有效避免语言内错误。

5.2.2 非语言层面问题产生的原因

在对外翻译中，语言外错误的出现不仅与翻译人员的语言能力不足有关，还涉及多个复杂因素。最关键的问题之一是对文化差异和语言背景的忽视，这导致了翻译过程中产生的错误。

首先，对外翻译人员对英语母语者的审美标准及思维方式等的不熟悉，是产生语言外错误的一个重要原因。以审美标准为例，西方的审美标准在文学、艺术等领域有其独特的偏好和风格。在翻译中国的文学作品时，如果翻译人员不熟悉英语母语者对于文学作品的审美习惯，例如他们对于故事结构、人物塑造、语言节奏等方面的喜好，可能会选择不恰当的翻译策略。比如，中国文学作品中常常运用大量的诗词典故、含蓄的情感表达和复杂的人物关系描写，如果翻译人员不考虑英语母语者更倾向于简洁、直接、逻辑清晰的审美风格，而将这些元素生硬地翻译过去，可能会使西方读者觉得作品晦涩难懂、拖沓冗长，从而降低了作品的可读性和吸引力，这就是由于不了解审美标准而产生的问题。

其次，语言和文化之间的深刻关系也不容忽视。英语和汉语之间存在着显著的语言和文化差异。英语作为一种屈折性语言和拼音文字，与汉语作为一种分析语言、声调语言和表意文字的差异在结构、句式和表达方式上都有体现。这种语言差异使得翻译过程中的词汇选择、语法结构以及表达风格都受到影响。如果翻译人员忽视了这些语言上的差异，可能会导致翻译结果不符合目标语言的文化和语言习惯，从而影响其可读性和接受度。英文中的直接表达方式在中文中可能需要更含蓄的表达，反之亦然。

最后，对外翻译人员对外国文化的了解不足也容易导致语言外错误。语言不仅是文化的载体，还反映和塑造文化现实（Kramsch，2000）。对翻译人员来说，理解目标语言的文化背景对于准确传达原文信息至关重要。外国受众对中国的历史、社会制度、文化传统等方面可能存在误解或缺乏了解。中国的某些文化载体词在西方读者中可能难以理解或只理解其字面意义而无法领会其深层含义。因此，翻译人员需要深入研究外国文化，了解其价值观、思维方式和风俗习惯，以便在翻译中充分考虑这些因素，避免因文化差异导致的误解。

总的来说，语言外错误的产生不仅仅是由于翻译人员的语言能力不足，还涉及对文化差异和语言背景的忽视。翻译人员需要提高对目标语言文化的理解，并在翻译过程中充分考虑语言和文化的差异，以避免产生误译和其他语言外错误。这要求对外翻译工作者在翻译过程中，既要具备高水平的语言能力，又要对文化差异有深入的认识，以确保翻译内容既准确又能够被目标受众接受。

6 中国故事对外翻译策略

6.1 语言层面策略

6.1.1 “译+释”翻译策略

对外翻译不仅仅是语言的转换，更是一种复杂的跨文化沟通活动。外国受众在思维方式、价值观念、认知背景和阅读兴趣等方面，与国内受众存在显著差异。因此，对外翻译工作者需要从外国受众的视角出发，通过“译+释”的策略，提供必要的背景知识和文化解释，以破除信息传播中的障碍，提升沟通的效果。

设想一下，如果我们在讲述的中国故事中出现了许多外国受众并不熟悉或完全陌生的信息，而对外翻译人员没有提供任何解释或背景介绍，这将会导致什么结果？外国受众可能因为信息的不明确或理解困难而选择放弃阅读或聆听，或者在没有足够背景知识的情况下对信息进行误解甚至曲解。这样的情况就像是跨文化交流中的“噪声”，噪声越大，受众获取和理解的信息就越少，传播效果也就越差。这不仅使信息传递变得无效，还增加了误解和曲解的风险，从而使讲述的中国故事失去其应有的价值和影响力。为了有效沟通，对外翻译人员可以通过“译+释”策略，帮助外国受众更好地理解和接受信息，提高中国故事传播的清晰度和有效性。

在对外翻译中，“译+释”策略的常见形式有：

（1）借助同位语

当一个名词（或其他形式）对另一个名词或代词起到修饰、限定或说明作用时，这个名词（或其他形式）便被称作同位语。在对外翻译中，同位语是一种重要的工具，用于补充和阐明名词或代词的具体含义，特别是在处理文化背景信息时。当译者需要向外国受众介绍一些可能不熟悉的人名、地名或景点时，同位语可以用来提供额外的信息和解释，使读者更好地理解这些文化内容。

例1：根据历史记载，明代著名航海家郑和曾远航西洋，旨在与西方国家进行文化交流。

According to historical records, Zhen He, a famous Chinese navigator in the Ming Dynasty, had ever sailed to the western countries hoping to intercommunicate culture with these countries.

例2：西安——古代丝绸之路的起点，亦曾是中国历史上多个朝代的国际化都城。

Xi'an, the starting point of the ancient Silk Road, was also a capital city internationally for many dynasties in Chinese history.

当介绍中国明朝著名航海家郑和时，同位语“a famous Chinese navigator in the Ming Dynasty（是中国明朝时期的著名航海家）”提供了简要的身份说明，这种表达方式不仅介绍了郑和在中国航海史上的地位，还使读者了解到他的历史背景。类似地，在介绍古城西安时，同位语“the starting point of the Silk Road（曾是丝绸之路的起点）”描绘了其历史和文化背景，古代的西安商贾云集，繁华盛况可见一斑。通过这种方式，外国受众可以大致勾勒出古代西安的繁荣景象，同时了解到其悠久的历史。同位语的使用能够有效填补外国读者在文化背景上的空白，提高他们对信息的理解和接受度。通过这种高度概括的介绍方式，可以增强文化信息的传播效果，使中国故事对外翻译更加生动和有意义。

（2）借助后置定语

例3：若您不喜严寒，中国南方的昆明或许是个宜人的好去处——这座以“春城”美誉著称的城市，终年温暖如春。

If you dislike the cold, you may find *Kunming in south China* an attractive place to visit, for this is a city known for its year-round spring weather.

例4：中国、乌兹别克斯坦和土库曼斯坦在新疆喀什综合保税区联合开通中亚特色农产品快速通关绿色通道，正值该地区干果、蜂蜜等农产品通过电商平台对华出口额同比增长42%之际。

China, Uzbekistan, and Turkmenistan have jointly launched a fast-track green channel for Central Asian specialty agricultural products at the Comprehensive Bonded Zone of Kashgar, *in northwest China's Xinjiang Uygur Autonomous Region*, at a time when the export volume of agricultural products such as dried fruits and honey to China through e-commerce platforms has increased by 42% year-on-year.

外国受众对中国地理位置的了解可能有限，对于昆明和喀什，他们可能感到陌生。使用后置定语来提供额外信息，可以帮助外国读者理解这些城市的地理位置。

（3）借助定语从句

例5：辛亥革命推动了中国社会变革，为实现民族复兴探索了道路。

The Xinhai Revolution, *which overthrew the Qing Dynasty in 1911*, propelled social transformation in China and explored a path toward national rejuvenation.

例6：他正在研究《三国演义》中的赤壁之战，这场决定性战役为三国鼎立格局的形成奠定了基础。

He is studying the Battle of Red Cliffs in *Romance of the Three*

Kingdoms, a decisive battle *that took place in 208 AD*, *which laid the foundation for the formation of the Three Kingdoms structure*.

一般的外国受众对于像“辛亥革命”“赤壁之战”这样的中国历史要么了解得很少，要么完全不了解。例5和例6借助非限制性定语从句对这些历史事件进行补充介绍，这样不仅能帮助读者理解事件的基本情况，还能阐明相关的历史背景。

（4）借助“of”引导的介词短语

例7：在创新驱动发展战略实施后，高科技人才跨城市群的迁移不断加速。例如，已有超过3万名工程师从中国北方迁移至浙江省杭州市。其中许多人助力本土科技巨头发展，推动该地区成为国家领先的数字经济中心。

The migration of high-tech talents across urban clusters has accelerated since the implementation of the innovation-driven development strategy. For instance, more than 30 000 engineers have relocated from northern China to Hangzhou city （*of east China's Zhejiang province*）. A significant number of them have contributed to the growth of local tech giants in the country's *leading* digital economy hub.

例7通过“of”引导的介词短语勾勒了杭州的地理方位。

（5）借助括号引导的注释性说明

例8：观鸟兽之文与近地之宜，于是始作八卦。

By contemplating the “Wen”（*ornamental appearances or stripes*） of birds and animals and the different suitabilities of the soil near at hand, he invented the Eight Diagrams （*the eight combinations of three whole or broken lines formerly used in divination*）.

例9：其他著名景点还包括唐代建筑的大雁塔与鼓楼，以及游客可沐浴温泉水质的华清池。

Other interesting sites include Dayan Ta （*Great Wild Goose Pagoda*） and *Gu Lou* （*Drum Tower*）, both erected in the Tang Dynasty, and the Huaqing Hot Springs where visitors may bathe in the warm mineral water.

例10：新华社报道，品质最佳的明前龙井春茶期货已售罄，价格高达每公斤6万元人民币（约合9146美元）。这些茶叶需在四月初前完成采摘。

Xinhua News Agency reported futures in the best quality *Longjing* （*or Dragon Well*） *spring tea*， the leaves of which will be picked before early April， have already sold out at 60 000 yuan （$ 9 146） a kilogram.

"文"是什么？"八卦"是什么？例8借助括号引导的注释性说明予以了交代。例9和10音译保留了大雁塔、鼓楼以及龙井的中文读音，然后通过直译进行了注解，起到了音义并举的宣传效果。

（6）借助现在分词或过去分词（短语）作补语

例11：董事会承认当前的晋升机制已经过时，并指出"铁饭碗"仍在阻碍组织内的人才流动。

The board of directors acknowledged the current promotion mechanism as outdated, noting that the "iron rice bowl", *meaning the life-long employment system*, continues to hinder talent mobility within the organization.

例12：在端午节（农历五月初五），中国人有吃粽子的传统习俗。粽子是一种糯米制成的食物。

During the dragon boat festival, which falls on the 5th day of the fifth rural month, the Chinese people customarily eat *Zhongzi*, one glutinous rice pudding, *shaped like a pyramid or a pillow wrapped in bamboo or reed leaves.*

例11和例12分别使用现在分词和过去分词进行补充说明："铁饭碗"指的是一种终身固定的就业制度；中国的端午节习俗中，人们会吃粽子，粽子是一种用竹叶包裹的糯米食品，外形类似金字塔或枕头。

（7）借助背景注释

对外翻译中，解释性翻译是一种常见的策略，旨在为读者提供必要的背景信息和补充说明。翻译者可能会对原文中的风俗习惯、历史事件、技术术语或专有名词等进行详细解释。这种做法通常包括对可能引起困惑的内容进行解释，或提供相关知识，以帮助读者更好地理解文本的意思。在对外翻译中，这种解释性内容通常通过句子和段落的形式呈现，以确保信息的清晰传达。

①句子背景注释

例13：在酒桌上，人们敬酒时通常会“干杯”。

People at a table will usually “Gan bei” when toasting each other. *“Ganbei” means to raise up one's wine glass or liquor cup and drink it all the way down so that the glass or cup is “dried up to the last drop”.*

例13对“干杯”这一中国饮酒习俗进行了详细的解释，使得对中国传统文化感兴趣的外国受众能够更好地理解这一习俗。

②段落背景注释

对于博大精深的中国文化，外国受众往往感到既神秘又新奇。通过在背景段落中添加注释，不仅可以增加内容的趣味性，还能显著提升宣传效果。请看*China Daily*刊发的一篇名为“The sign of the snake”所作的段落背景注释：

例14：The Legend of the White Snake, or Madam White Snake, is another famous ancient Chinese tale. *It tells the story of a white snake transformed into a woman and fell in love with a human man. After they got married and had a son, a Buddhist monk discovered her secret and trapped the white snake under a pagoda. But the gods were moved by the love between mother and son, husband and wife, and made the pagoda collapse, which enabled the family to reunite. Madame White Snake later became a symbol of beauty, love and freedom, and appears frequently in novels and operas.*

China Daily, February15, 2013

在该报道中，通过段落形式对“白蛇传”这一传说进行了详细介绍。这种做法有效填补了外国受众在中国文化方面的知识空白，不仅增加了内容的趣味性，还能激发他们对中国文化的兴趣和热爱。显然，当对外报道涉及中国文化等主题时，进行适当的背景解释是至关重要的。精确的阐释不仅能够增强报道的效果，将准确的信息传递给对中国不太了解的受众，而且有助于提升中国的国际形象，帮助外国人更深入地了解中国，从而消除偏见和误解。

（8）用破折号解释说明

例15：“双减”实施两年来，学生的减负已经初见效果，育人合力正在逐步增强。

Two years into the implementation of the "Double Reduction" policy—which aims to ease the homework and off-campus tutoring burden on students in compulsory education—the effort to reduce students' workload has begun to show results, and the collective strength in fostering well-rounded education is gradually increasing.

"双减"所指的是"减轻义务教育阶段学生作业负担和校外培训负担"这样的现象，如果不对其进行解释，外国读者很难明白其所指的是什么。在这个例子当中通过破折号对"双减"的具体内容进行了列举，提供了最大的语境效果，使得外国受众只需付出最小的努力就能够产生预期的理解。

（9）借助名词所有格引出

例16：1999年，别克汽车在上海浦东新区投入批量生产。作为中国投资环境最优越、经济发展最迅速的地区之一，浦东新区在这一进程中发挥了重要作用。

Back in 1999, Bieke cars were put to batch production in *Shanghai's Pudong New Area*, one of the areas in China which has the best investment climate and fastest economic development.

鉴于外国受众对于诸如"浦东新区"等地名感觉陌生的事实，例16借助名词所有格Shanghai's，立刻将外国读者大脑中的新旧知识联系了起来，易于理解，提高了信息传播的效率。

（10）用类别词和概括名词归纳点拨

例17：南浦大桥、杨浦大桥和杨高路等重点市政工程竣工投用后，更多新的基础设施项目已陆续启动或正在规划中。

After the Nanpu *Bridge*, Yangpu *Bridge* and Yanggao *Road* and other *key municipal projects* were completed and put to use, more new *infrastructural projects* are well under way or in the process of being planned.

本句借助类别词（Bridge，Road）和概括名词（key municipal projects，infrastructural projects）对前面列举的事物归纳点拨，使外国读者能够更加清晰地理解相关内容。

（11）借助解释性词引出

例 18：中国成功推行了古村落的“活态保护”模式，即在保护建筑遗产的同时，振兴传统工艺、民间艺术和乡土知识体系，实现了文化遗产保护与可持续发展的双赢。

China has successfully implemented a “*living preservation*” model for ancient villages, *that is*, *a model which protects architectural heritage while also revitalizing traditional crafts*, *folk arts*, *and indigenous knowledge systems*—achieving a win-win outcome for cultural heritage preservation and sustainable development.

本句借助解释性词“that is”将抽象的“living preservation”具体化为三个可操作维度，有助于外国读者了解“活态保护”的具体所指。

（12）归化

归化翻译方法的目的是将译文尽可能地调整为目标语受众熟悉的语言风格，以确保其自然流畅，从而降低文化差异对读者的影响。正如 Venuti（2001）所言，“尽可能不干扰读者，让作者向读者靠近”。对于一般外国读者而言，他们往往不需要深入分析，只希望以最小的努力获得所需的信息。

为了使翻译更符合外国读者的文化背景，可以使用他们熟悉的事物作为“注释”，这样有助于他们快速理解。正如刘其中（2009）所指出的，“提供‘注释’最好使用外国人熟悉的事物，使用西方文化中的可比事件。这样的‘注释’最容易获得他们的认同，会使他们对这些难点立即产生感性上的认识”。归化翻译通过类比已知事物来帮助读者理解陌生概念，比如将“金鸡奖”类比为“中国的奥斯卡奖”，或将“最高科学技术奖”比作“中国的诺贝尔奖”，这些做法有助于读者更好地理解并产生共鸣。

《中国日报》双语新闻有这样一个例子：

例 19： The game’s trailers and gameplay demos have garnered over 100 million views on *Bilibili*, *China’s equivalent of YouTube*, and over 10 million views on YouTube.

China Daily, August 24, 2024

国内知名的视频弹幕网站哔哩哔哩，它的功能和国外著名的视频网站 YouTube 相类似，译者通过归化方法翻译，将其解释为中国的 YouTube，有助于外国读者快速理解。

再如：

例 20：要对标到2020年在重要领域和关键环节改革取得决定性的成果，继续打硬仗，啃硬骨头，确保干一件成一件，为全面完成党的十八届三中全会部署的改革任务打下决定性基础。

Aiming for decisive achievements in important areas and key aspects of reform by 2020, we should continue to fight tough battles, crack hard nuts, and ensure we succeed in every single reform that we initiate, so as to lay a firm foundation for completing the reform tasks set at the 2013 session.

原文中有“啃硬骨头”一词，但在英语中，bone并不用于比喻难题或棘手任务，直译恐不容易为读者所理解，故而采用归化的翻译方法，使用英语中现成的短语crack hard nuts进行替代，简单易懂。

（13）文外注释（脚注、尾注、超级链接）

在对外翻译时，当遇到具有显著民族文化特色的信息时就需要进行一番阐释，然而却相当为难：既忧虑文内注释的只言片语不能将其讲解清晰，又害怕对文本语义以及逻辑的连贯性造成破坏。在这种情形下，可以运用文外注释的方式，比如采用添加脚注和尾注的做法；甚至倘若需要解释的信息比较多，还可以通过超级链接的形式来构建独立的文本。

在对外翻译实践中，这些形式经常相互混杂、交织在一起使用。示例如下：

例 21：路左有一巨石，石上原有苏东坡手书“云外流春”四个大字。

To its left is another rock formerly engraved with four big Chinese characters *Yun Wai Liu Chun* （*Beyond clouds flows spring*） *written by Su Dongpo* （*1037–1101*） *, the most versatile poet of the Northern Song dynasty* （*960–1127*）.

此例中，“云外流春”先用音译译出，然后在括号内直译注释；介绍“苏东坡”时先是用括号注明其生卒年份，然后再以名词词组同位语简要介绍。

在对外翻译中，注重传播效果是关键，“译+释”并举的策略正是针对这一点进行优化的。这种策略不仅体现了翻译实践中的必要性，还能够有效应对文化和语言差异带来的挑战。具体而言，“译+释”策略包括多种形式，如解释性注释、背景说明等，这些形式操作性强且适用面广，可以满足关联理论中的“最大最小”原则。这一原则强调，翻译应提供足够的语境信息，使读者能够以最小的努力获得准确理解。

为了实现这一目标，对外翻译工作者应具备高度的“受众意识”。这意味着翻译人员需要了解目标受众的交流需求、兴趣、阅读习惯和认知水平，通过适当的表达方式弥合文化差距，提高译文在目标语环境中的可接受性和连贯性。这样，翻译不仅能够准确传达信息，还能提升传播效果，确保读者能够顺畅地理解和接受信息。

6.1.2 改写编译策略

安德烈·勒菲弗尔（André Lefevere），作为翻译操控学派的重要代表，其“改写论”在翻译研究领域中占据了核心地位。他提出的“翻译是对原文的改写”观点得到了广泛认可。根据这一理论，翻译被视为一种改写形式，其目的在于根据不同读者的需求对源语言文本进行适当的调整。这种改写不仅限于文学作品，也适用于应用文，其关键在于通过填补信息空缺使目标文本更加连贯流畅。翻译不仅仅是将一个文本字面地转换为另一个文本，而是一个复杂的过程，需要在语言和文化之间找到平衡。

虽然勒菲弗尔的理论主要集中在文学翻译上，但其核心观点也同样适用于对外翻译领域，成为对外翻译实践的理论基础。释意学派进一步补充了这一观点，认为翻译是一种将两种语言在写作技巧和知识领域上重新表现的艺术。德利尔（Jean Delisle）教授指出，翻译者在用另一种语言进行“再创作”时，实际上是在处理创作中的各种挑战，并且需要具备优秀作家的素质。

此外，功能主义为对外翻译中的改写方法提供了直接的理论支持。根据功能主义的观点，整个翻译过程，包括翻译方法和策略的选择，都是由翻译行为所需达成的目的决定的。功能主义认为，翻译旨在为目标语环境中的读者创造适宜的文本，这意味着翻译的策略——无论是直译还是意译——都应依据原文的目的。功能主义的贡献在于它为那些与现行翻译标准不符但在实践中成功的翻译行为提供了理论支持。

长期以来，翻译被认为应忠实于原文，避免任何形式的改动。然而，许多中文外宣材料经过调整、增补或删减后，反而取得了显著的成功。尽管这些调整看似背离了忠实原则，但实际上它们实现了外宣的目标。沈苏儒（1992）指出，“一般对外传播、报道、介绍的文字稿件，翻译在确保中文原稿的主题和中心内容得到充分表现的情况下，应从外文效果着眼进行必要的外文阶段加工，直到局部或大部改写，对于外贸、旅游、文化艺术等方面的推广、供销材料，则更需要这样做”。

在对外翻译实践中，由于中文原文作者和外国受众的文化背景和社会身份不同，双方对相同语篇形式的理解可能存在差异。因此，实现原文和译文在语篇功能和读者效果上的一致性是非常困难的。在这种情况下，译者需要从目标语言受众的角度出发，注重内外有别，充分考虑译文的功能和翻译的目的，对原文进行适当的增删补改。

例1：人民是党执政的最大底气，也是党执政最深厚的根基。正是从这个意义上讲，民心是最大的政治。

The people are our Party’s foundation and greatest strength in governance. It’s in this sense that we say people’s support is of paramount importance.

译文中，对“最大的政治”并没有进行对应翻译，而是根据具体语境加以解释说明，使用不同性质的词语来表述原文词语的语义，用“paramount importance”来翻译“最大的政治”，由此强调人民的拥护和支持是党执政的保证，这样翻译有助于外国读者更直观地理解中国人民至上的价值理念。

例2：经过全体师生员工的共同努力，我校被评为“文明单位”。

Our school is awarded “Model School” with the joint efforts by all the staff and students.

在中文中，我们惯常使用较为抽象的“单位”一词，正因如此，“单位”在大多数汉英词典中，往往被译为“work unit”。然而，这种翻译过于笼统，且不够具体，导致很多“文明单位”的标牌被统一翻译为“Model Unit”。相比之下，英语表述较为具体。因此，对于汉语中的“单位”，可以使用更具体的词汇来明确“文明单位”的含义，如“hospital”（医院）、“institute”（研究所）、“company”（公司）、“university”（大学）。这种具体化的翻译方式体现了改写策略中的具体化手段。

例3：9月10—12日，由全球信息基础实施委员会和博鳌亚洲论坛共同举办的“第5届电子商务国际论坛”在索菲特大酒店举行，工业和信息化部副部长×××、部长助理×××、商业部科技处处长×××、中国机电成品商会会长×××、中国社会科学院高级顾问×××、国际发展研究中心副主任×××以及海南省领导、科研人员出席了本次论坛。

Co-sponsored by Hainan Provincial Government, the Global Information Infrastructure Commission and Bo'ao Aisa Forum, the Fifth China International E-commerce Forum （Hainan, China） was held at Sofitel Hotel from September 10 to 12. Present at the forum were officials and researchers from China ' s central government and Southern China ' s Hainan provincial government.

原文具有典型的中文报道特色，但作为外宣文稿却显得有些“内外不分”，可以说是将内稿直接用作外宣。尽管报道的主要内容是关于“电子商务论坛”的信息，中文稿却按照“中国新闻”的惯例列举了大量政府官员。如果逐字翻译这些内容，译文可能不符合西方受众的阅读习惯。因此，英文译文在翻译过程中进行了处理，特别是省略了具体的参会者姓名，而用“officials and researchers”进行了概括。这种处理方式更适合目标语的受众需求。

例4：中国有两点是靠得住的，一是讲原则，二是说话算数。

China can be counted on. Among other things, first, it upholds principles and second, it honors its words.

译文在结构上作出了调整，在断句时添加了“Among other things”，这是因为原文虽然没有直接出现这一表达，但它确切地传达了原文中“至少有两点”的意思。这种处理展示了译者的政治敏锐性，因为如果直接翻译为“On two points China can be counted on. First, it upholds principle and second, it keeps its words.”，会使受众误解为中国“只有两点值得信赖”。这种直译可能会使读者误解原文的真实含义。

总的来说，对外翻译的目标是让外国读者更好地理解中国的各个方面，因此适度“改写”或“调整”是合理且必要的。如果仅仅坚持逐字逐句地翻译而不考虑文本的交际目的及目标语言的文化习惯，那么难以实现预期的传播效果。事实上，所谓的“不忠实”实际上是在更高层次上的忠实。国际译联在1994年7月9日修订的《翻译工作者章程》第一章第五条指出：“忠实于原文并不等于逐字逐句地直译；译文的忠实性并不排除为使原作的形式、气氛和深层意思得以用另一种语言在另一国再现而进行的适当调整。”因此，对那些不适合直译的内容进行改写是有理论依据的。例如，许多旅游点介绍中充满了四字成语、古代典故和名人轶事，这些内容直译成英语后难以被外国读者接受。要达到讲好中国故事的效果，往往需要对原文进行适当的编译和调整。类似地，具有显著中国传统文化色彩的文字，也需要经过改动后才能有效翻译。

6.1.3 舍“形”取义策略

任何事物都处于持续更新之中从而实现进化发展，中华文明极为广博高深，历史悠久、古老的汉语语言文字也并非例外。许多旧有的表达形式在不断地去旧迎新过程中渐渐地被新的语言形式所取代或者淘汰掉。然而，作为汉语四字成语、俗语以及一些相对固定的四字词组的统称的四字格用语，却似乎是个特殊情况。汉语四字格用语是人们在长期运用中所形成的一种特殊的词汇现象，具体分析来看，四字格词语通常由被分成前后两个部分的四个语素所构成。从语法关系来讲，词组中前后两个部分可以是主谓关系、动宾关系、偏正关系或者并列关系。从结构方面来看，四字格由自由词组和固定词组构成。自由词组是临时组成的，可以随意地拆散并重新组合，例如：“货物齐全”“白云冉冉”等。

而固定词组则是一个整体，四个语素不能被拆开、随意更换。并且，一些具有特殊意义、流传久远的四字格词语也被称作成语，比如："巧夺天工""短兵相接"等。总之，汉语四字格词语的显著特点就是：内容简洁扼要，形式整齐一致，语音顺口流畅，表达效果形象鲜明。

如果在对外翻译实践当中能够恰当地运用并且能够恰如其分地翻译出这些四字格词语，那么就能够在忠实于原文的基础上，极大地提高译文的流畅程度，从而给读者留下更为深刻的印象。尽管有些汉语四字格用语直接翻译也能够表达出意思或者在英语中能够找到对应的词语，但这种情况毕竟只是少数。所以，将汉语四字格用语翻译为英语，最为重要的是要摆脱四字格用语色彩斑斓的字面以及其凝练严谨的结构的影响，从而避免译文拖泥带水、繁杂冗余，要注重词义的内涵，将"繁"转化为"简"，将"虚"转化为"实"，在多数情况下可以舍弃"形"而获取"义"。下面结合一些实例，对如下一些具体的翻译策略进行探讨。

（1）转换

一个有趣的现象是，汉语中的四字格用语往往不会单独使用，而是多个连续出现，形成强烈的语气。这些四字格用语通常具有动词或形容词的谓语功能，实际上是一个完整的语义单位，相当于动词短语（VP）的小句，因此经常作为句子的谓语使用。形容词短语（AP）在句中出现的频率很高，通常构成形容词短语加介词短语（AP+PP）或形容词短语加名词短语（AP+NP）的并列结构。因此，在对外翻译中，我们可以将汉语中连续使用的四字格用语转换为英语中的形容词短语加介词短语（AP+PP）或形容词短语加名词短语（AP+NP）的结构。这样既可以有效保留汉语四字格的连用效果，又能确保译文的准确性和流畅性。这种方法在对外翻译中非常常见。

例1：这些女士衬衣采用上等纯丝制成，价格公道，工艺精湛，设计独特。

Our silk blouses are made of pure silk of best quality. They are *reasonable in price, excellent in craftsmanship and unique in designs.*

该例为典型的广告译文。汉语通俗上口，译文则俗白地道，四字句变形形容词短语，各自相得益彰。"独特"一词的译法也值得注意。一般而言，非世上独一无二的东西最好不用unique，而用of its own feature，但此处为丝绸制品，唯中国独有，故unique顺理成章。

例2：我们遵从政治合格、军事过硬、作风优良、纪律严明、保障有力的总要求。

We follow the general requirements of being *qualified politically and competent militarily* and having *a fine style of work*, *strict discipline* and *adequate logistic support*.

此例中，画线部分被转换为形容词+副词和形容词+名词的连续排列方式。这种方法有效地保持了原文的语气和效果，实现了语言表达上的一致性。

（2）分译

分译法的出现是由于汉语和英语在表达方式和结构上存在显著差异。许多汉语四字格用语包含大量冗余信息，若按字面翻译，这些多余信息会被带入译文，造成行文堆砌，甚至形成“中式英语”。因此，在翻译过程中，对外翻译人员通常会利用英语灵活多样的语言表达手段，将汉语的四字格用语拆解成更符合英语语法的结构，如叠加式主从复合句。这种方法在实际翻译中被证明是有效的。

例3：改革要从实际出发，整体推进，重点突出，循序渐进，注重制度建设和创新。

The reform *must be promoted* realistically, *comprehensively and progressively with breakthroughs made in key areas* and emphasis placed on institutional improvement and innovation.

原文中三个连续的四字结构在翻译时并没有保持原有的平行形式，而是根据英语的表达习惯进行了调整。译文采用了“动词短语+形容词短语+介词短语”的结构，形成了一个主次分明的句子。这种处理方式更符合英语语言的逻辑和条理，使表达更加清晰和有序。

例4：青城山地质地貌独特，植被茂密，气候适宜，林木葱翠，层峦叠嶂，曲径逶迤，古观藏趣。

Endowed with special geological landforms and a *mild climate*, Qingcheng Mountain boasts of its *exuberant vegetations* and *forests* through which the *paths wind*, as well as the *ancient temples* dispersing *in ranges of mountains*.

在此例中，原文的描述以四字成语和对偶句式呈现，形成了富有韵律的风格。译文并没有逐字翻译这些结构，而是根据英语的表达习惯进行了调整。译者打破了原有的节奏和排列，运用形容词短语的连排、单句拆分以及主从复合句等方法，将原文信息细致地呈现出来。这种处理方式不仅保留了原文的细腻和情感，同时也使译文更符合英语的表达方式。

（3）删“繁”就“简”

“删‘繁’就‘简’”适用于一部分汉语四字格的翻译，主要原因是汉英两种语言在本质和词汇特征上存在显著差异。具体来说，汉语是一种分析性语言，而英语则是综合性语言；汉语常以含蓄和委婉为特征，而英语则强调简洁和易懂。此外，许多四字格结构实际上包含了意义重复的成分，即前两个字和后两个字在意义上相同或接近。翻译时，译者应避免冗余的现象。比如：

例5：我们在现代化建设中取得了举世瞩目的成就。

We have achieved *remarkable* success in the modernization drive.

例6：有的地方和部门甚至出现了“上有政策，下有对策”、有令不行、有禁不止的现象。

Some localities and departments even went so far as to *disobey orders* and *defy prohibitions*.

原文下划线处为我们国内的流行说法，其后的“有令不行、有禁不止”其实已含此意，在对外宣传无须强调这一说法的前提下，可以删去不译，以免同义词重复。

段连城（2004）指出，“对外国读者，由于感情基础的差异，阅读习惯的不同，华丽辞藻一般只能减少传播的清晰性和效果，甚至被视为空话冗词和夸大宣传。尤其是英语读者，更惯于低调陈述，而不惯于用词强烈”。因此，在翻译这类汉语四字格词语时，删“繁”就“简”显得尤为重要。

6.1.4 “中国英语”策略

中国英语（China English）不同于中式英语（Chingilish）。最早提出中国英语的是葛传槼，他在《漫谈由汉译英问题》一文中列举了一些中国英语的例子，如“科举”“翰林院”“五四运动”“赛先生”“德先生”“白话文”“四个现代化”（imperial examinations，Hanlinyuan 或 Imperial Academy，May Fourth Movement，Mr. Science，Mr. Democracy，baihua wen 或 baihua，Four Modernizations）等。葛传槼（1980）认为，“所有这些英译文都不是 Chinese English 或 Chinglish，而是 China English。英语民族的人听到或读到这些名称，一时可能不懂，但一经解释，不难懂得”。葛传槼先生在肯定任何英语民族以外的人用英语当然应该依照英语民族的习惯用法的同时，还指出“讲和写英语时都有些我国所特有的东西需要表达”。汪榕培（1991）对中国英语的定义包括三部分：“中国人在中国本土使用、以标准英语为核心、具有中国特点的英语。”

综合专家学者的观点，中国英语是一种在汉语文化与英语文化交汇中产生的独特语言现象。这种语言现象以标准英语为基础，能够有效融入英语交流环境，而不受母语干扰。它通过使用那些英语母语者不常用的词汇，来表达中国社会文化中的特有事物，因而具有明显的中国特色。作为一种全球通用的语言，英语在不同民族的使用过程中，逐渐吸纳了这些民族的文化特征，形成了多种英语变体。这些变体以标准英语为核心，成功地传播和交流各自文化信息。英语的演变和发展源于其对其他语言的持续吸收，这同样适用于汉语的影响。因此，中国英语的出现和发展是自然且必然的结果。从英语发展的角度来看，中国英语将随着中国人英语使用的普及和中国特色的形成而不断扩展，从而丰富英语语言及其在全球文化中的角色。与此同时，从传播中国文化的视角出发，中国英语能够有效地向世界展示具有中国特色的中华文化。

由于中国英语在外国受众中已被接受，中国故事的译者在翻译涉及中国特有事物的词汇、短语或表达时，可以运用英语语言的规则和习惯，创造具有汉语特色的英语表达方式。在这种翻译过程中，有时还需要辅以适当的解释或说明，以更准确地传达对外宣传内容。中国英语表述方式有以下三种：

（1）音译

中国英语中有一部分词汇或短语是根据汉语普通话的发音直接转化来表达的，另一部分由于历史的因素是从我国方言发音直接转化生成的。例如：Putonghua（普通话），wushu（武术），chow mein（炒面），cheongsam（旗袍），fengshui（风水），tai-chi（太极），qi（气），yin-yang（阴阳），typhoon（台风），kung-fu（功夫），hukou（户口），toufu（豆腐），wonton（馄饨），pipa（琵琶），erhu（二胡），Wukong（悟空）等。历史证明，这些中国英语都已有力且有效地向英语受众传播了丰富的中华文化。

（2）译借

译借即将汉语词汇通过翻译手段逐词地借用英语表述形式的方法。这是翻译中国特色词汇——特别是新词（neologisms）的主要方法。例如：paper cutting（剪纸），One China policy（一个中国的政策），Warring States（战国），Four Consciousnesses（四个意识），Four-sphere Confidence（四个自信），Two Upholds（两个维护），Four Books（四书），Five Classics（五经），feel the pulse（号脉），vegetable basket project（菜篮子工程），Double Ninth Festival（重阳节），Mid-Autumn Day（中秋节），Chinese herbal medicine（中草药），spring roll（春卷），Spring Festival（春节）等。

（3）旧词语义拓展

旧词语义拓展即将汉语意思译成英语后而生成新的英语意思，表现出明显的中华民族文化特色，往往能使英语受众有某种耳目一新、回味无穷的感觉。例如：birds nest（燕窝），barefoot doctor（赤脚医生），people mountain，people sea（人山人海），long time no see（好久不见）等。

6.1.5 语用等效策略

语用等效策略主要遵循两个基本原则：准确传达原文的核心信息和

真实意图，同时考虑译文读者的理解与接受程度。以下是常用的五种语用等效翻译方法。

（1）结合原文语境，译出词语的语用意义

词语的语用意义，即言外之意或意图意义，是词语在实际使用中的潜在含义，与其语境密切相关。词语的意义包括隐含的（implicit）言外之意（隐含意义）和明确的（explicit）字面意义。杨俊峰（2005）指出，“隐含意义附于字面意义，它或者多于字面意义，或者少于字面意义，或者不同于字面意义，或者相反于字面意义”。

理解隐含意义通常依赖于推理。根据关联理论的翻译观，翻译是一种对原语的阐释性活动，涉及两个连续的交际过程。首先，译者与原著及原作者进行交流，通过关联推理形成对原著的认知模型；其次，译者将这一认知模型通过译文传达给读者，从而完成翻译交际。因此，为实现翻译的语用等效，准确识别和再现词语的隐含意义（语用意图）至关重要。例如：

例 1：中国的经济是个大问题。

China's economy is a big issue.

“中国的经济是个大问题”，这句话的实际含义是指“中国的经济是中国政府和人民关注的重点，是一个具有重大意义和影响的事项”。在翻译中，“问题”一词的处理尤为关键。虽然“problem”和“question”都可以翻译为“问题”，但它们并不完全符合原文的真实意图。“Problem”常常指“存在困难或挑战”，如果翻译为“China's economy is a big problem”，可能会让英语受众误解为“中国经济存在严重问题，发展不顺，经济低迷”等负面含义。“Question”则表示“提出的疑问或问题”，这种翻译会给人一种“尚需讨论或解答”的印象，与原文表达的“关注焦点”也有所偏差。因此，这两个词并不能准确传达原文“问题”所蕴含的意义。实际上，原文中的“问题”应译为“issue”。根据《牛津高阶英汉双解词典》（第四版）的定义，“issue”指的是“重要的议题，公众关注的事项”，这一解释正符合原文的语境。使用“issue”作为翻译词汇，可以帮助目标语言的读者准确理解，中国的经济被视为一个重要的议题而非简单的问题，从而在读者的感知上与中文读者的理解接近。这种处理方式符合语用等效翻译的要求，确保了翻译的效果与原文的意图相符。

（2）语用整合，传达原文的信息和语用意图

在准确把握原文（作者）的意图的基础上，译者在翻译过程中无须拘泥于原文的形式，可以对原文进行必要的删减、改写等语用整合处理。这包括对原文的表达方式、句子结构、信息内容和语言风格等方面的调整，以确保传达出原文的信息和语用意图，从而实现语用效果的等效。

例2：中秋节是中华民族的传统节日，是团圆和亲情的象征。每年农历八月十五，无论身在何处，人们都会通过赏月、吃月饼等方式，表达对家人的思念与祝福，弘扬着中华文化中的“家”的概念。

Mid-Autumn Festival is one of the most important traditional Chinese holidays, symbolizing family reunion and the bond of love. On the 15th day of the 8th month of the lunar calendar, people, no matter where they are, celebrate by enjoying mooncakes and admiring the full moon, sending wishes and love to their families, while embracing the Chinese cultural value of “family”.

译文首先进行了删减和改写。原文中的“团圆和亲情的象征”被改写为“symbolizing family reunion and the bond of love”，这种改写避免了中文中“亲情”这一词汇的文化负担，转而使用了“the bond of love”，既传达了亲情的意义，又使其更容易为外国读者理解。中文中的“弘扬着中华文化中的‘家’的概念”在翻译中被改为“embracing the Chinese cultural value of ‘family’”，这样不仅避免了“弘扬”的冗长表达，也使“家”这一概念更加明确，便于外国读者理解。其次，译文进行了文化背景调整。中文中提到的“中秋节是中华民族的传统节日”，在英文中被翻译为“Mid-Autumn Festival is one of the most important traditional Chinese holidays”，这个调整不仅说明了中秋节的重要性，还帮助英语读者更清晰地理解中秋节在中国文化中的地位。在中文中，“赏月、吃月饼等方式”表述得较为具体，而英文中选择了“celebrate by enjoying mooncakes and admiring the full moon”，这种表达方式既保留

了中秋节的传统活动，又简洁明了，避免了过于冗长的描述。

（3）语用顺应，契合译入语的表达方式和话语建构方式

语用学派将翻译视作一种信息交流活动，着重关注语言交流过程中的运用成效，强调译文读者要和原文读者获取同等的效力。译者需要“最大程度地妥善处理好原文与译文之间的各类关系，在目的语里更为贴切地重新构建原作的意义，从而反映出作者的真实意图”（杨俊峰，2005）。在翻译过程中，套用母语的表达结构或者错误地运用英语的其他表达结构会引发语用失误。解决这一问题的办法是，运用顺应译入语的表达方式，以便能够有效且准确地传达自己的思想和用意。

例3：本店货色齐全，品种多样，任君挑选。

We have a good assortment of goods to choose from.

译文不仅将语义重叠的“货色齐全”和“品种多样”合译为have a good assortment of goods，而且改变了汉语的句式结构，使译文紧凑自然。

汉语中的广告等宣传语常使用并列结构，如两个字或四个字的并列短语，这种表达方式体现了汉语语篇讲究平衡对称和工整对仗的修辞特点。而在英语国家，宣传语则常用被动句、非人称表达、名词短语和陈述句式，这种方式使叙述显得更为客观、公正，同时语气也较为委婉和间接。因此，在翻译时，需要遵循目标语言的表达习惯，对原文进行适当的重构，以符合目标语言的表达方式。

（4）语用“显化”，填补文化缺省

Vinay 和 Darbelnet（1958）率先提出了“显化”（explicitation）这一概念，其指的是“将原语文本中仅是隐含存在但能够依据上下文推断得出的信息添加到目标语之中的过程”（Klaudy，2004）。语用“显化”（pragmatic explicitation）就是为了把原文中隐含的文化信息以及文本的意图清晰地呈现出来，在译文中添加那些有助于译文读者理解和认知的表达形式。对原文隐含文化信息进行“显化”是由两种文化之间的差异所导致的。目标文化中的读者可能对原语文化中读者所具备的普通常识并不太了解，所以常常需要译者以显化的方式展现给读者（Klaudy，2004）。

语用“显化”指的是将原文中隐含的文化信息和作者的思想意图明确地表达在语言表层。这种“显化”的必要性源于原文中的共知信息或意图在译文中可能变成了非共知的信息或意图，而这些隐含的部分实际上是作者所希望传达的内容。因此，为了确保这些隐含信息能够传递给读者，译者需要在翻译过程中将其显性化，使读者能够正确领悟这些信息。

例 4：新时代“三农”工作必须围绕农业农村现代化这个总目标来推进。

The work on agriculture, rural areas and rural people in the new era must focus on the general goal of modernizing agriculture and rural areas.

译文将“三农”这个具有鲜明中国特色的时政话语译成“agriculture, rural areas and rural people”（农业、农村和农民），原文中的“三农”语义特殊，需要“显化”，说明和阐释原文词语的具体内容，使“三农”的语义内涵更加明确和直观，这样更便于外国读者理解中国式现代化道路。

例 5：唐长安城始建于隋开皇二年（公元 582 年），初名“大兴城”，唐朝改称“长安城”。

原译：Built in 582, the 2nd year of Emperor Kaihuang's reign of the Sui Dynasty, the city was first called Daxing City and changed its name to Chang'an City in the Tang Dynasty.（袁洪，2010）

在这个翻译中，“唐朝”作为原文读者非常熟悉的共知信息，在译文中变成了非共知信息，导致文化信息缺失。此外，“开皇”作为音译，对英语读者几乎没有意义，因此需要进行文化显性化处理，增译“founding emperor”。

改译：Built in 582, the 2nd year of the founding emperor Kaihuang's reign of the Sui Dynasty, the city was initially called Daxing City and was renamed Chang'an City during the Tang Dynasty （618-907）.

（5）遵循语用礼貌原则，达成文化认同

在公共场所的告示牌中，汉语公示语通常使用“不许”“不准”“禁止”“严禁”等用语，这些表达方式语气生硬、直接且严厉。在中国文化语境中，这种直接的表达方式被广泛接受和理解，人们对这些告示习以为常，并不觉得有何不妥。这些汉语公示语翻译成英文时则必须遵循语用礼貌原则，以确保语用的得体性。虽然中文告示如“请勿践踏草地”在本土语境中被普遍接受，并未引起不适，但在翻译成英文时，需注意避免直译可能带来的生硬和强硬的语气。王银泉和陈新仁（2004）指出，得体性常通过间接和含蓄的方式表现，直接且强硬的禁止用语通常不受欢迎。

例如，许多景区草地上会有“请勿践踏草地”的标识。如果直译为“Don't stamp on the Grass!”，这种用法以祈使句的形式出现，语气显得较为严厉和强硬。在英语语境中，“Don't ...”通常传达的是不容置疑的命令，可能会显得过于生硬，无法体现汉语中的礼貌和尊重。这样的翻译可能会使游客感到不快，甚至觉得是不必要的指责，影响游览体验。为了保持翻译的礼貌性和得体性，建议将该告示译为“Keep off the Grass, please!”。这种表达方式更为委婉，传达了相同的信息，同时保持了语气的温和和尊重，使其更容易被读者接受，符合语用的忠实和等效原则。

语用翻译赋予译者较大的自由度。译者应在准确把握原文作者意图的基础上，将译文的交际效果与原文及原作者的交际效果对等作为翻译目标。译者需要有意识地选择适当的翻译策略，以适应具体的交际环境和对象，力求在译文中再现原文的语用效果。叶苗（1998）指出，“只要能够达成语言交际的目的，营造出等同的语用效果，无论译文进行何种处理，都能够体现出一种可行的语用策略”。

6.1.6 语段调整策略

中文的行文里一段话可能涉及两个或多个主题。然而，英语段落通常更倾向于围绕单一主题展开。因此，在翻译过程中，译者可以根据实际需要将中文原文的一段拆分为两个或更多的英文段落。这种处理方式有助于使翻译后的英文段落更加条理清晰、主题集中，更符合英语语境中的写作习惯。

例6：近年来，中国经济持续增长，成为全球经济的重要引擎。根据国际货币基金组织（IMF）的数据，中国已跃升为世界第二大经济体，并且在全球经济中的地位日益重要。中国的经济发展不仅推动了国内产业的升级，也促进了全球市场的融合。中国政府的改革开放政策，为这一切成就奠定了基础。自改革开放以来，尤其是在加入世界贸易组织（WTO）之后，中国更加积极地融入全球经济体系。通过加强与各国的贸易合作、引进外资以及提升自主创新能力，中国经济在世界舞台上的影响力不断提升。然而，中国的经济发展也面临诸多挑战。全球经济的不确定性、资源的可持续利用、环境保护等问题都是当前亟待解决的重要课题。为了应对这些挑战，中国政府提出了包括绿色发展、创新驱动等一系列政策，力图在保障经济增长的同时，也关注环境保护和社会发展。

In recent years, China's economy has continued to grow, becoming a key engine of global economic development. According to the International Monetary Fund (IMF), China has risen to become the world's second-largest economy, and its position in the global economic landscape is increasingly important. The country's economic growth has not only driven the upgrading of domestic industries but has also contributed to the integration of global markets.

The reform and opening-up policies of the Chinese government laid the foundation for these achievements. Since the reform period, and particularly after joining the World Trade Organization (WTO), China has become more actively involved in the global economic system. Through enhancing trade cooperation with other countries, attracting foreign investment, and strengthening its independent innovation capacity, China's economic influence on the global stage has grown steadily.

However, the rapid development of China's economy also faces a number of challenges. Issues such as global economic uncertainty, sustainable resource use, and environmental protection are pressing concerns that need immediate attention. In response to these challenges, the Chinese government has proposed a series of policies, including green development and innovation-driven growth, aiming to balance economic growth with environmental protection and social development.

中文为一个段落，但探讨内容涉及三个主要方面：一是中国的经济增长和在全球经济中的重要地位；二是中国经济发展背后的改革开放政策；三是中国经济发展面临的挑战及其应对政策。译者在翻译过程中采用语段调整策略，将中文包含多重主题的一个段落调整为英语中结构更加清晰、主题更加集中的三个段落。每个段落围绕一个核心主题展开，有助于读者理解和吸收信息。通过这种调整，翻译后的文本更加符合英语写作的逻辑和语言习惯，也确保了原文信息的准确传递和语用意图的实现。

6.2 非语言层面策略

6.2.1 国家重视，做好规划

翻译对国家形象自我建构很重要，但随机松散的翻译活动无法达成目标，只有通过国家层面的翻译规划才能实现，这是由任务的艰巨性和其自身的优越性决定的。国家翻译规划是国家利用实力在翻译领域的长期、全局规划，以提升国家形象为目标，包含多方面基本内容，其核心是国家主导的翻译战略与行为的协调等，且与其他类型相比，国家翻译规划在一些方面的优势能满足国家形象自我建构的需求。

首先，国家翻译规划有利于构建国家形象自我建构的长效机制，因为国家形象塑造是长期系统性工程，靠某一公共事件的决策建议应对形象危机往往力不从心，所以以塑造国家形象为目的的对外翻译活动需要长期稳定的政策环境，而国家翻译规划能凭借国家权力基础为此类活动提供政策保障。

其次，国家翻译规划有助于协调和联动各方力量。以日本为例，其政府在规划制定、引导监督中扮演协调人和管理者角色，动员多方力量开展对外翻译和传播活动，如动漫，这表明国家翻译规划能汇聚各种力量并保证政策自上而下地贯彻践行。

最后，国家翻译规划能为国家形象自我建构提供充足资金支持。比如，市场化翻译有趋利性和自由性，仅靠市场化翻译会使一些有助于塑造国家形象但受众小、盈利差的作品受冷落，所以需国家资助其翻译出版。

从国家形象建构、翻译到传播的全程来看，国家翻译规划应从内容规划、语种规划、人才规划和传播规划这四大路径来实施。

（1）内容规划

首先，翻译规划中的内容规划是明确“翻译什么”，从重塑国家形象角度，内容规划应做好当代中国新的文化符号输出以推动国家形象“现代化”。长期以来中国主要推介传统文化，导致外国民众更多看到“古代中国”。有调查显示，海外能代表中国的文化符号多为传统符号，虽有较高识别度，但无法准确及时反映中国巨变，所以在继续推广传统文化的同时要翻译传播当代新文化符号，提升其品牌力量，借助这些符号传播国家形象。

其次，注重对外翻译选材的多样化。新中国成立后我国虽多次通过对外翻译塑造国家形象，但国家主导的对外翻译活动多集中于文学，特别是严肃文学输出，对其他文化产品和非严肃文学作品重视不足。中国的武侠小说如金庸的作品在海外有不少读者，这说明武侠题材有其独特魅力和受众；科幻小说如刘慈欣的《三体》也在国际上引起广泛关注。这些成功案例表明，对外翻译选材应从单一纯文学向多样化文化产品拓展，尤其在读图时代，要格外重视绘画、电影、电视剧、动画片等多样文化艺术产品的翻译和传播。

最后，成体系地输出中国的核心政治话语。政治话语是塑造国家形象的权威力量，为避免国家形象对外传播失焦，需提炼核心并注重内在联系，进行成体系传播。同时，为帮助目标受众准确理解，需辅以新时代全新诠释，且诠释不能是简单的“以西释中”或“以西代中”，而是要用对方听得懂的语言并保持中国政治话语特质。

（2）语种规划

对外翻译语种选择对国家形象目标受众和影响范围至关重要。当前我国的文化外译语种规模上升且不断完善，英语仍占重要地位，周边及拉美、非洲等地语言受关注，如“中华学术外译”项目语种从只关注英语发展到全面关照，但语种多元背后可能存在分布不合理、缺乏规划问题。比如，在欧洲，法语、德语等有着广泛影响力，增加这些语种的翻译能扩大中国文化和思想在欧洲的传播范围。像一些关于中国科技发展、文化传承的重要著作，若能有法语、德语、西语版，可能会在这些地区产生更广泛的影响，进一步提升中国的国家形象。所以，国家翻译规划的语种规划需确立并覆盖“关键语言”。

此外，共建“一带一路”倡议的实施对语种规划有新的更高要求，其总趋势是小语种需求迅速上升。为推动中国文学文化产品在共建国家传播并树立良好国家形象，语种规划需向小语种倾斜，为倡议顺利实施做好语言方面的铺垫。

（3）人才规划

人才规划是国家翻译规划的重要支点。

首先，要建设中外合璧的翻译人才库，通常，仅由目标语为母语的译者进行中国文化外译可能无法胜任，像“五位一体”总体布局这样的政治话语，其独特构成方式容易在翻译中产生语义偏差。本土译者虽有优势，但也存在不足，在翻译一些涉及中国特色概念和政策的内容时，中外译者合作能更好地兼顾语言准确性和文化适应性。本土译者对中国文化背景和内涵理解深刻，能更准确地把握原意，而母语译者对目标语的表达和受众思维习惯更熟悉，两者结合能提升翻译质量。所以，理想模式是中外译者合作，发挥各自特长，形成优势互补。这就需要培养本土译者并吸引母语译者加入，打造翻译人才库。这包括为了满足“语种规划”中提出的对小语种的需求，需要加强小语种翻译人才的培养。

其次，除培养语言人才外，还要重视培养研究目标地区与国家国情与舆情的人才。由于世界各国国情文化不同、人民文化心理各异，且世界局势复杂多变，推进相关国际倡议需深入了解评估对象国舆情及与中国互动。相比欧美，东南亚和中亚国家也具重要战略意义，但其文化习俗和政治舆情有不同格局，我们对其了解有待提升，有效的国别研究需研究人员有理论功底且能深入当地调研、利用多种媒介采集信息并整合分析，从而为对外翻译活动提供咨政服务以塑造国家形象。比如对东南亚某国的文化习俗有更深入全面的研究，就能在翻译涉及该国的内容时，更准确地传达其文化内涵，避免误解和偏差。

（4）传播规划

传播媒介在塑造国家形象中的重要性日益受到关注，完成翻译工作后要做好传播规划。

首先，既要重视传统媒体如广播、电视，也要利用新媒体平台及时发布高质量的翻译内容，能快速广泛地传播中国形象。

其次，举办如国际体育赛事等国际性或区域性重大活动是传播的重要渠道，通过媒体报道向世界展示中国的实力和魅力。

传播渠道建设还可采用“借帆出海”方式，加强与国际主流媒体交流合作，如日本和韩国借助西方主流媒体播放宣传片。

规划是前瞻性设计活动，在实施过程中可能与现实有冲突，所以要保持翻译规划的开放和灵活，及时进行评估，在充分调研基础上适时调整国家翻译规划策略与方法，以持续提升规划效率。

6.2.2 建构多层面的翻译能力体系

要讲好中国故事、塑造好中国形象，关键在于翻译工作的成效，即能否培养大量高质量中译外人才，构建良好的对外交流和人文建设环境，以实现对中国故事的认知、诠释和传播。

（1）设置多元化、系统化的翻译课程体系

自2006年、2007年分别开设本科翻译专业和设立翻译硕士学位后，翻译学科在国内快速发展，众多培养单位开设翻译专业且成为热门。随着提升文化软实力战略提出，中译外人才培养成为各单位学科建设的重要命题，设置多元化、系统化翻译课程体系是关键，依据PACTE翻译能力模式，课程体系涵盖四大板块课程，包括：理论课程如“中西方翻译史”等可训练学生策略次能力，实践课程如“商务翻译”等可培养多种次能力，知识课程如“翻译与文化政策”等让学生具备相应次能力，人文知识课程可提升语言外次能力。此外，各单位还需根据市场需求和自身优势定位增加特色课程，在课程多元化、系统化基础上，设立和建设符合自身发展、以市场需求为导向的培养目标和课程体系，以培养适应市场需求并能胜任专门领域翻译工作的人才。比如，一些院校可能会突出金融翻译课程，以培养在金融领域有专长的翻译人才；而另一些院校可能着重外交翻译课程，以培养外交方面的专业翻译人员等。通过这样有针对性的课程设置，可以更好地满足不同领域对翻译人才的需求。

（2）加强与海外高水平译者的交流

海外汉学家译者有丰富经验，向其学习是中译外人才培养的宝贵方法。中国与多国机构合作举办中英文学翻译研讨班，邀请海外著名译者和作家与中国译者交流，此类交流研讨可更大规模和范围举办以培养更多译才，还可通过多种渠道举办互访活动以加强中外译者互动，也可通过国外研修等多种方式打造本土中青年译者和重点培育高水平专业翻译团队。例如，可以定期举办大规模的国际翻译交流大会，邀请世界各地的优秀译者参与。在互访活动中，可以组织中国译者到海外著名翻译家的工作环境中去实地观察学习。通过长期的国外研修项目，让本土译者深入了解国外文化和语言环境，或者通过与国外高校合作开办专门的翻译暑期学校，集中进行培训和交流。以这些方式不断提升中国本土译者的能力和水平，培养出更多优秀的翻译人才，促进中外文化交流与传播。

（3）了解译介各环节，调整译介策略

中国本土译者需熟悉并参与出版、推广、译介的合作，了解各方需求和感受，克服传播困难并适当调整译介策略。调整策略并非完全迎合西方价值取向，而是关注跨文化传递的诠释与交流效果，译者既要尊重国外文化习惯和审美诉求，又要保留中国文学的独特元素，让读者既能流畅阅读又能体会中国文化独特之美与力量。比如，在翻译中国古典文学作品时，对于一些特定的文化意象和表达，不能简单地按照西方的理解去处理，而是要在保证基本理解的基础上，尽量保留其原有的韵味和文化内涵。同时，在推广过程中，要根据目标读者的反馈，适时调整翻译用词和表达方式，使其更符合他们的阅读习惯。又如，在面对国外出版社和评论家对某些内容的质疑或不理解时，译者要通过恰当的解释和沟通，来化解这些问题，而不是盲目改变原本的译介策略，从而实现中国文学在海外更好地传播和接受。

(4) 汇聚并引导民间力量和海外资源

中译外人才培养不应仅依赖政府和学校，还应汇集民间力量。在网络时代，民间学术机构和人士通过网络社区等发挥推动作用，如“纸上共和”。“孔子学院”“中国文化年”等活动促使更多外国人学习中文，海外资源如美国翻译协会华语分会等成为重要发展基地。关注、扶持和引导民间力量与海外资源对中国文化海外传播非常有益。要在国家政策和体制规划下，汇聚民间、高校和翻译行业力量，抓住机遇，立足市场需求，形成全球化视野，向海外展示真实且有差异的中国文化。比如，可以鼓励民间建立更多像“纸上共和”这样的平台，为中译外人才提供交流和合作的机会。对于海外的那些华语分会等组织，可以通过合作项目等方式，加强与它们的联系和互动。同时，利用网络的优势，开展各种线上的文化交流和翻译活动，吸引更多民间力量参与其中。

6.2.3 创新对外翻译理念和方法

讲好中国故事、传播好中国声音，需创新对外翻译工作。网络信息技术发展使翻译过程和形式有了新突破。做好对外翻译工作要适应网络时代，在理念和方法上创新，着重在对外翻译主体、时空、手段、客体等方面进行创新设计。

(1) 优化翻译主体

需从资源投入和效益产出角度优化中华文化外译主体组合。优先次序为人机互助外译最优，中外合作外译次之，中国译者外译再次，机译最后。人机互助外译排首位是因其可利用技术手段实现资源共享和知识管理，突破人译局限，有明显优势；中外合作外译优先于中国译者外译是因其利于发挥双语言、双文化专家优势。

(2) 规划时间和空间

在编制中华文化外译发展规划时，外译时间和空间规划属于必须予以考量的方面。对于外译时间规划，重点在于思考要外译哪个时期的中华文化，大体上要以现当代为主，近古代为次，将“啃老”转变为推新，从而让其他国家更好地了解当下的中国。而外译空间规划则需要全面考量国内外的政治、经济、地缘等情况，能够依据相对文化距离和地位来设定优先次序。例如，可以将那些和我国文化距离较大或者与我国经贸往来紧密的地区当作优先外译的方向。

（3）选择适宜的翻译手段

要依据外译具体需求和不同翻译技术特点选择合适的翻译手段。网络翻译包括互联网和云翻译技术应用，是互联网时代的首选。移动-语音翻译借助移动终端等提供在线翻译服务，具有便捷性。外包翻译通过在线交易平台和翻译社区将服务直销客户，具有针对性。众包翻译是广泛动员“草根译者”限时在线完成特定任务，参与性强。通过合理选择和运用这些翻译手段，能更好地满足中华文化外译的不同需求。

（4）区分外译的层次与缓急

对于外译类别，在内容上存在难易差异，故而要区分层次与缓急。像产品、品牌、标准等属于文化要素或文化景观的物质表现，它们的传播有利于我国参与经济全球化，最需要进行外译和传播。精神文化影响范围广，是外译的主体，其外译对消除文化隔阂有帮助，应紧跟或融入物质文化外译。制度文化涵盖政治制度、经济制度、法律制度、人际关系准则等，外译难度较大，需要先扎实打好文化互通的基础。

6.2.4 提高翻译工作者的水平和素养

对于对外翻译工作者而言，语言文字是基础，任何信息的传达与传播皆离不开文字，故而必须强化对外翻译人才的培育。前面所列举的诸多对外翻译的问题及失误皆与译者的水平和素养紧密相关，译者水平优、素养高，译品质量才会佳。在对外翻译人才培养方面，如爱泼斯坦等（2000）指出，不但要增添数量，更要重视质量，既要精通外语，也要提升中文修养，既要研习语言，也要涉猎文化科学知识。

鉴于中外在语言、文化、思维认知模式等各方面存在差异，我国的对外翻译属于学术要求颇高的专业，涉及范畴广，包含门类多，既有口译又有笔译，既涵盖党政文献又涉及新闻报道，既包含政治、经济、医学、科技等内容，也包括社会科学、文化艺术作品，既有印刷出版物又有电视广播网络形式的作品，既包含翻译实践也涵盖人才培养，对外翻译内容丰富、任务艰巨，挑战性颇大。若要完成此任务，需以传承传统与勇于创新的态度持续研究与实践，培育创新型合格对外翻译人才。张春红（2003）提出，要持续提升对外翻译人员的政治理论水平与汉、英语言水平，留意汲取各种新知识，了解译品对象国概况以及中外文化差异，方能适应对外讲好中国故事的需求。同时，对外传播人员（包括对外翻译工作者）必须为复合型人才。培养具备较高中英文水平、过硬政治素质、较高对外宣传业务素质和广博社会文化知识、“内知国情，外晓世界”的对外翻译人才，任务艰巨且道路漫长。

高等教育是培养翻译人才的重要途径，绝大多数对外翻译人才仍需通过高校培养方能胜任工作。翻译是一门实践性极强的课程，在高校翻译教学中，教师应有计划性、针对性地指导学生进行一些练习，加强跨文化交流的培养，助力学生提升翻译水平，以满足社会对不同专业人才外语能力的需求。此外，相关高等学校及科研机构还要重视对对外翻译的系统理论研究，将对外翻译研究提升至中国国家外语战略高度，并开展相关研究工作。所以，要提升对外翻译水平，扩充对外翻译队伍。

6.2.5 全社会重视中国故事对外翻译质量

高质量的对外翻译对于准确、全面地向世界讲述中国故事，展现中国的真实面貌、文化魅力和发展成就具有极为重要的意义，全社会都应该予以高度重视。

首先，翻译界工作者对于中国故事在国际上的准确、生动呈现起着至关重要的作用。对翻译界的同仁来说，协助有关部门改进和提高中国故事翻译质量责无旁贷。为了国家和本地区的发展，各地译界同仁应该都来关心对外讲好中国故事。比如通过各地翻译工作者协会组织译者培训学习，提高翻译水平，或向政府有关部门提出合理化建议等。

其次，全社会其他人士都可来关心对外翻译工作，尤其是媒体要加强跟踪报道。例如，在一些国际体育赛事中，中国运动员的事迹和表现需要准确地对外翻译传播。这时，不仅仅是专业翻译人员，媒体工作者、赛事组织者甚至普通观众等都可以关心翻译工作是否准确到位。媒体对运动员采访内容的翻译，如果不准确可能会造成误解，影响运动员形象的传播。媒体加强对这些翻译情况的跟踪报道，能及时发现和纠正问题。再如，在上海外国语大学就有一支专门为城市外语标识“捉虫”、由外语专业大学生组成的“啄木鸟”行动队。这显然是一个良好的开端，但是，光是学生行动还是不够的，希望全国各地能设立专门针对对外翻译的特定机构，发动和组织全社会的力量来治一治这些“洋伤疤”，更重要的是预防这些“洋伤疤”；要向社会普及关于翻译的知识，同时要发挥媒体的监督作用，及时曝光对外翻译中的种种质量问题并呼吁相关部门、专家学者提出整改措施。希望媒体能更好地发挥这种作用，为推进对外讲好中国故事，树立我国良好的国际形象多做贡献。

7 对外传播中国故事与国家形象建构

7.1 对外传播与国家形象

7.1.1 对外传播在国家形象建构中的重要性

国家形象由国内外公众受传播媒体报道影响而形成，是国家客观状态在国际舆论中的体现，受信息选择影响，且这种选择常被媒体的价值倾向和报道风格左右。媒体作为关键载体，借报道呈现信息、表达观点并体现特定倾向与意识，受众在接收信息时往往会潜意识接受传播者观点。显然，传播媒体在信息传递中对公众具有极为重要的潜在影响，它能塑造公众对国家的认知和印象。

对外传播对于国家形象有着极其关键的作用，如果一个国家的形象没有得到积极有效的对外传播，即便其本身塑造得不错，也很难在国外公众的心里留下深刻印记。在全球化的大背景下，国家形象实际上是“自塑”与“他塑”相互较量的产物，而一个国家形象的好与坏很大程度上由其对外传播能力的强弱来决定，不能仅仅依赖外国媒体。一直以来，西方在很长时间内掌控着话语权，对国际舆论以及公众对于国家的认知产生影响，导致在国际传播中呈现的国家形象存在片面性和偏见。中国就遭遇了信息获取渠道虽多但不实报道泛滥、国家形象被歪曲的状况。想要改变这种被动局面，构建起积极的国家形象，就必须强化对外传播。通过对外传播来提升中国国家形象已经成为国家软实力建设的一个关键目标，良好的国家形象必须通过成功的对外传播来塑造，对外传播是连接国内外公众的桥梁，其传播深度决定了国际影响的广度，其目的就是要将本国的形象展现给外界，增强本国的影响力和吸引力，进而提升国家软实力。

中国身为文明大国、东方大国、社会主义大国以及负责任的大国，尽管为全球发展贡献卓著，然而，世界舆论格局仍为“西强我弱”的态势，国际上对中国的片面报道随处可见，同时中国的对外话语存在一定不足之处，外宣媒体的国际影响力较为薄弱，无法全面展现我国的大国形象，所以，我国的大国形象还没有被国际社会完全认可。由此可以看出，当下我国对外传播与展示大国形象的使命不相契合，对外传播急需大力加强。

7.1.2 中国国家形象对外传播现状

长期以来，美国等西方国家紧握国际舆论主导权，其涉华报道对国际公众认知中国国家形象影响重大。尽管在党中央重视及外宣工作者努力下，我国对外宣传已获较大进展，对塑造和传播良好国家形象起到了重要作用，然而，“西强我弱”的国际传播格局在很大程度上左右着国际受众对中国形象的看法，对中国国家形象的有效传播形成阻碍。

（1）外国受众对中国国家形象认知现状

①中国形象更加立体

中国环球时报研究院发布的2023年20国民意调查报告显示，六成国外受访者认为中国的全球引领力正在上升，该数据是美国的两倍。与此同时，认为美国引领力正在下降的受访者占三成多。《环球时报》邀请多位中外学者对此次民调结果进行了深入分析。在接受采访时，他们表示，中国式现代化建设取得新的历史性成就，这在世界范围内，尤其是在“全球南方”国家产生了强烈的感召力和吸引力。

2023年11月7日至12月1日，环球时报研究院采用商业化在线样本库邀约填答的方式，以中、英、西、德、阿、法等16个语种在中国、韩国、日本、菲律宾、印度尼西亚、印度、沙特阿拉伯、土耳其、俄罗斯、意大利、德国、法国、英国、美国、澳大利亚、南非、埃及、肯尼亚、巴西、阿根廷等20个国家针对18岁及18岁以上常住居民展开民调，共回收有效问卷约1.7万份。在除中国外的19国受访者中，超三成认为中国的发展方式/道路“完全成功”，另有45%的受访者认为“相当成功”。分国家来看，在肯尼亚、印度尼西亚、南非、埃及等4国有超八成受访者认为中国的发展方式/道路是成功的（包括“完全成功”和“相当成功”）；在土耳其、沙特阿拉伯、印度等10国，该比例超七成；在意大利、德国等4国也超六成。大多数国家的受访者对中国的发展方式/道路表示认可是立足于客观事实。40多年的改革开放，让数亿人脱贫，中国取得的成绩有目共睹。同时，通过共建“一带一路”，很多国家的民众也切实感受到中国模式的效应。

对于中国提出的、有别于西方现代化模式的“中国式现代化”，19国（不含中国）的平均数据显示，85%的受访者知道“中国式现代化”，三成多受访者认同这“是人类社会发展的创新实践”，还有三成多认为这“可能是新的伟大创举”。分国家来看，印度尼西亚、肯尼亚和南非3国中持正面态度的受访者比例均在八成左右；巴西、阿根廷、埃及、沙特阿拉伯4国超过七成；美国、英国、意大利、俄罗斯等7国也超过六成。

②对华偏见与误解仍然存在

中国政治形象的深入传播与有效提升依旧面临着艰巨任务。尽管中国的大国地位尤其是在经济发展方面所取得的辉煌成就能够获得海外受众的广泛认同，但在一些国际舆论中，海外受众对于中国的政治制度等存在先入为主的偏见和误解，将其简单地归结为某种模式，而不深入探究其本质和实际运行情况，这种偏见犹如一块可使平行光发生折射的曲面镜般，致使国家形象传播的相关信息发生扭曲，对中国国家形象的传播成效产生了不利影响。

③对华认知符号化、碎片化，刻板印象严重

国际社会对于中国国家形象的认识存在符号化、碎片化的特点，在认识过程中存在“贴标签”等行为。一些西方国家往往用特定的符号来代表中国，而这些符号可能是片面的、不准确的。比如将“熊猫”过度符号化，仿佛中国只有这一个特色，而忽略了中国丰富多样的其他方面。又比如将“长城”视为中国的唯一标志，却不能全面理解中国的现代发展和多元社会。

海外媒体对中国的报道常常是选取一些孤立的事件或现象进行大肆渲染，而不呈现整体的、连贯的画面。比如只关注个别社会问题，而不报道中国在解决这些问题上所做的努力和取得的成效，导致人们对中国的认知是零散的、不成体系的。

刻板印象严重体现在许多方面，比如，认为中国依然是“落后”“封闭”的形象，即使中国在科技、文化等领域取得了众多突破性成果，这种刻板印象依然难以改变。还有将中国人一概而论地描述为特定的性格或行为模式，忽略了个体的差异和中国社会的巨大变化。

④对华认知存在受众的群体性差异

发展中国家和发达国家民众对中国的国家形象认知存在显著差异。从整体上来看，发展中国家对于中国的印象要优于发达国家。

许多发展中国家与中国有着相似的发展经历和背景，它们能从中国的发展模式和成就中看到自身发展的潜力和希望。中国在基础设施建设、经济合作等方面给予发展中国家大量支持和帮助，这让发展中国家民众对中国心怀感激和敬意。比如在非洲，中国帮助建设的铁路、港口等项目极大地促进了当地经济发展，中国的医疗援助也拯救了许多生命，这些都使得非洲民众对中国的好感度较高，看到中国是一个友好的、可靠的合作伙伴。

而在发达国家方面，一方面，部分发达国家出于自身利益和竞争的考虑，其媒体可能会有意传播一些负面或歪曲的信息，导致民众对中国产生误解和偏见。例如，一些发达国家媒体夸大中国的环境问题等，使得民众形成片面的认知。另一方面，发达国家在经济、科技等领域长期处于领先地位，对中国的快速崛起会感到一定的压力和担忧，这种心态也会影响其对中国形象的看法。它们可能更关注中国的所谓“挑战”，而忽视中国为世界和平与发展作出的积极贡献，认为中国是一个具有威胁性的竞争对手。

(2) 国际传媒格局呈现结构性不对称

改革开放以来，中国在政治、经济、文化等诸方面取得了举世瞩目的成就，与世界各国的交往日趋紧密。经济的飞速发展，综合国力的增强，国际地位的提高，使中国成为国际舞台上的一个亮点。世界比以往任何时候都需要了解中国的发展，需要尽快获知中国对于国际重大事件的立场和主张。CNN驻北京分社社长吉米说，除了战争、恐怖活动这样的突发事件外，中国将是一个持续的新闻点。

改革开放40多年来，中国传媒取得了长足进步，在对外传播和国家形象塑造方面取得了很大成绩。中国从事国际传播的核心机构包括新华通讯社、中央广播电视总台（含CGTN国际频道）、中国新闻社、《人民日报》（海外版）、《中国日报》、中国外文出版发行事业局等国家级专业外宣平台，以及人民网、新华网等中央重点新闻网站的外文频道，共同构成多语种、全媒体的国际传播体系。中国的传媒机构在“让中国了解世界、让世界了解中国”的国际传播中发挥了重要作用。

当前国际传媒格局并非简单的“西强我弱”二元对立，而是在技术变革、地缘政治和经济实力重组的影响下，形成了多层次、多领域、动态变化的结构性不对称。在传统媒体领域，西方仍占主导；但在数字媒体领域，中国部分反超，在短视频与社交平台方面，TikTok全球月活用户超15亿，而字节跳动、快手等中国企业基于算法推荐优势，其内容分发技术打破西方传统媒体的线性传播模式，在东南亚、非洲等地区，中国APP（如TikTok、Kwai）的新闻触达率已超过Facebook和Twitter（现更名为X）。由此可见，当前国际传媒格局呈现出结构性不对称，传统媒体领域西方仍占优，但数字媒体赛道中国已形成局部领先，这种形势有助于向世界讲好中国故事，传播好中国声音，塑造良好的中国形象。

7.2 对外传播讲好中国故事的原则

7.2.1 传播视角“全球化”

在全球化日益加深的当下，中国故事走向世界成为必然。主流媒体承担着这一重要使命，必须深刻思考“本土化”与“全球化”的融合。这并非只是贴上外在的中国传统文化标签，而是要深挖精神和思想内涵的融合。找准自身本体，以对方为参照，通过比较和沟通，实现文化生态融合。讲好中国故事，绝不能陷入俗套化或外在化观念的误区。“全球化”不是追求“同质化”，而是在差异中寻求理解和沟通。真正的中国故事并非一成不变，而是无形的、潜移默化且不断流动的，因而也不断被建构。因此，主流媒体要立足中国现实发展，从全球视角选取典型人物和事件，将独特魅力的中国故事在全球传播语境中精彩呈现。如此，方能让世界更好地了解中国，促进文化交流与相互理解。

因此，在讲述中国故事时，“不仅要注意语言、修辞以及讲述技巧的选择，更要考虑外国受众的文化背景、心理需要、思维方式和接受习惯，从心理层面唤起国外民众的正面情感，增强中国故事的亲和力、吸引力和感染力”（李子祥，2015）。同时，还要将“仁者爱人”“己所不欲，勿施于人”等优秀传统理念融入其中，通过一个个真实的中国故事传递这些理念，能够让外国受众更好地理解中国文化的内涵。此外，注重挖掘名不见经传的小人物也尤为重要，如在贵州支教的徐本禹、模范人物郭明义等这些默默作出奉献的平凡人物，主流媒体应呈现他们在平凡生活中的善念义举。这些平凡人物的故事，能以小见大，照见社会的温暖，闪现人性的光辉，找到中国故事与世界的融合点，不仅感动中国，更能深深打动世界，增进世界对中国的了解和认同。

7.2.2 传播策略“当地化”

在向世界讲述中国故事时，需要采取一系列有效的策略。采用当地熟识的方式来讲中国故事是关键的第一步。不同地区有着独特的语言、思维和文化习惯，只有用当地人感兴趣的方式和内容进行讲述，才能真正吸引他们的关注，引发他们的兴趣。构建并扩大共通的意义空间对于加深彼此的相互理解不可或缺，这是中国对外传播能够取得成效和不断发展的重要机制。通过寻找共同的关注点和价值追求，能够打破文化隔阂，增进彼此的认同和交流。主流媒体在讲述中国故事时，应着重展示精神层面而非物质层面的吸引力。一方面，所使用的语言、文字等符号既要承载共通的理解，又要成为有吸引力的内容；另一方面，所选取的故事部分要贴近当地人们的生活经验和文化背景，找到当地文化中的最佳切入点，引发情感共鸣。此外，节目播出的语言是信息传递和理解的基础。讲述中国故事必须实现语言播出的多样化，使之与本土文化背景相契合。要从当地人的视角和思维方式出发，贴近当地的文化和欣赏习惯，量身定制以中国元素为核心的当地节目。这样才能让中国故事在世界各地得到更好的传播和理解，提升中国在国际上的文化影响力。

默多克新闻集团进入中国时采用的策略值得借鉴。默多克新闻集团进入中国时通过与湖南广播影视集团结成战略联盟，共同打造移动音乐平台等，不仅更好地了解中国市场和文化，还借助当地传媒的资源和渠道，更快地进入中国市场，减少了因文化差异和市场环境不熟悉而带来的理解障碍。默多克新闻集团还注重业务当地化，根据中国市场的需求和特点，量身定制适合中国市场的产品和服务。例如，在内容制作方面，注重中国文化元素的融入，以吸引中国观众的关注和喜爱，减少了因文化差异而带来的理解障碍。中国主流媒体进入国际舞台时可以借鉴此策略，既能展现中国传播的胸怀，又能获得当地人认可，规避传播隔阂。

7.2.3 传播方式“柔性化”

向世界讲述中国故事，必须首先明确传播对象，根据这些特定对象设定清晰的传播目标。为了吸引外国受众，要提供具有针对性的内容，通过多层次的信息组合，生动全面地展现中国发展的故事以及中国与世界的融合。在信息传播的过程中，受众会选择性地接触、理解、记忆信息，并由此影响行为。所以，要想影响国外受众，第一步就是激发他们对中国故事的选择性接触。

主流媒体要明白，相比生硬地讲道理，通过生动有趣的故事来传递信息更能吸引人。中国传媒对外传播的核心任务在于文化交流，要将中国构建和谐世界的核心理念传播出去。只有当讲述的“中国故事”能够被西方民众接受甚至喜爱时，中国的文化和价值观念才有可能在国际社会中得到广泛的理解和认同。这需要不断创新传播方式和内容，以更贴近国外受众的方式和角度去讲述中国故事，增强传播的吸引力和感染力。

因此，在对外讲述中国故事时，为了更好地实现这一目标，传播方式的柔性化至关重要。“宣传味儿”的讲述方式往往难以引起受众的共鸣和认同，甚至可能引发抵触情绪。而“软传播”则强调以情感为纽带，通过触动人心的故事和细节，引发受众内心的共鸣。例如，在汶川地震的报道中，新华社的成功经验就极具启示性。其将报道重点放在对受灾人群境况的关注，以及对一个个生动救援故事的刻画。这种转变不再是单纯地陈述事实，而是深入挖掘其中的情感元素，让人们感受到生命的珍贵和人性的温暖。情感是跨越国界和文化的共同心理，重视情感因素，能够在打动受众、塑造心理认同方面发挥独特优势。以柔性化的方式讲述中国故事，可以让世界更好地理解中国，感受中国的人文关怀和价值理念。

7.2.4 传播渠道“多元化”

在互联网蓬勃发展的当下，新媒体的便捷性使其无孔不入，主流媒体的传播模式不再单一，突破了国家边界。国外受众均借助相似的新媒体技术展开交流互动，这一现象带来的影响极为深远。它极大地转变了人们对周围事物的感知以及日常的行为模式。尤为重要的是，其以前所未有的力度革新了我们在对外传播中讲好中国故事的思考路径和方式。新媒体技术如同催化剂，推动中国故事讲述方式的不断创新和突破，以适应时代的发展和变化。主流媒体若想更出色地对外讲述中国故事，充分利用多元化的传播渠道是关键所在。只有拥有丰富的媒体接触渠道，中国故事所蕴含的内容价值才有可能产生广泛的影响力。传播渠道如同桥梁，连接着中国故事与国外受众，使其价值得以传递和展现。

在当今的全球化时代，中国主流媒体在国际舞台上扮演着日益重要的角色，已然成为“地球村”中关键的叙述者之一。从宏观层面的宏伟布局，到微观层面的舆论把控，都迫切需要充分且巧妙地运用各种新媒体手段，不断拓展多元化的传播渠道。

一方面，通过这些渠道，能够积极主动地回应世界对中国发展的种种关切，以独特的“中国观点、东方视角、国际化表达”，向全球清晰而有力地传递中国声音；另一方面，当下一些西方媒体对中国抱有强烈的意识形态方面的成见，且把控着国际舆论的主导权，这无疑加剧了国际社会对中国的舆论偏见。这种偏见进而导致部分西方国家的民众对中国缺乏了解，甚至产生了严重的误读。尤其在涉及价值观等敏感问题时，西方媒体往往通过各种话语策略，营造出强大的舆论压力。

正因如此，中国主流媒体肩负着重大责任，必须高度重视运用国内的“三微一端”，即微博、微信、微视频和客户端，以及国外的“GTFA”，也就是谷歌、Twitter（现更名为X）、Facebook和亚马逊等平台所形成的内涵式传播渠道。这样做的目的不仅仅是实现传播渠道的多元化，更在于精准对接每一传播渠道背后多元化的受众群体。通过为他们讲述真实动人的“中国故事”，让他们能够深入体验“中国故事”所蕴含的独特魅力，增进对中国的理解和认同。

7.2.5 传播内容“包容化”

国际传播本质上是不同文化和价值观之间的交流互动，最终要实现输入与输出的融合及平衡。一方面，应面向国内介绍国际通用的标准与规则，促进国内对国际规则的理解和接纳；另一方面，也要向国外阐释中国人独特的天地情怀、仁义礼智信等传统价值观。应当在相互包容与认同的基础上，建立起一个畅通且有效的交流平台，让不同文化和价值观能够自由、平等地交流与碰撞，从而推动国际传播的健康发展。

主流媒体在讲好中国故事方面肩负着重要使命，具有双重目的。其一，促进不同文化观念的相互包容，积极向中国介绍世界，助力中国更好地了解世界并融入其中；其二，推动中国文化观念获得国际认同，向世界展现良好的中国形象，促使世界理解并接受中国。要达成这两个目的，不仅需要技术和资金方面的支持，更关键的是在故事的选择和内容的表述上，要彰显出高层次的文化追求以及深厚的中国文化底蕴，进而通过“中国故事”自然而然地传递中国价值观。

因此，主流媒体在对外传播时，所体现出的包容和认同不应是对国外关于中国想象性印象的消极顺应，而应当凭借自身强大的大国文化自信，在讲述“中国故事”时，全面呈现人、物、思想、精神的融合，彰显中国深厚的文化积淀和思想深度，传达中国传统价值观、生活哲学与世界的相通之处，展现中国人的优良品质。同时，要采用柔性的价值传播策略，让世界各国民众在接触和阅读中国故事的过程中，积极主动地增进对中国思想文化和价值观念的认同。因为中国主流媒体所讲述的中国故事，本身就是世界故事不可或缺的组成部分，尤其是当下中国发展变化的故事，更应当讲给全球民众听，通过这种互动对话，实现价值观的普遍认同。例如，中国在科技创新、环保、扶贫等领域的成就，通过主流媒体的生动讲述，能够让世界看到中国为全球发展所作出的贡献，进而理解和认同中国的价值理念，促进各国之间的相互理解和共同发展。

中国主流媒体在国际传播中讲好中国故事，需走出去融入当地、引进来促进沟通，并在交流互动中扩展共通意义。走出去，意味着主动融入当地，深入了解当地受众的需求和文化背景，用他们能够接受和理解的方式传递中国的价值内涵。这样能够真正打动当地受众，让他们对中国有更全面、更深入的认识。引进来则是打通国内外的沟通理解渠道，促进信息的双向流动。通过引进国际的观点和声音，我们能够更好地反思自身，同时也让国内民众了解世界对中国的看法。而在“中国梦与世界梦”等交流互动中发挥平台作用，实现“中国故事”共通意义的扩展，有助于在全球范围内寻找共同的价值和追求，增进彼此的理解与认同，促进文化的交流与融合，从而提升中国在国际社会中的形象和影响力。

7.3 对外讲好中国故事构建国家形象的传播渠道

7.3.1 通过媒体传播讲好中国故事

2016年11月1日召开的中央全面深化改革领导小组第二十九次会议强调，加强和改进中华文化走出去工作，拓展渠道平台，创新方法手段。讲好中国故事是开展国际传播工作、将中华文化传播海外的一种载体，塑造中国形象，关键在于创新方法手段，通过构建全媒体传播格局、充分发挥新兴媒体传播优势，把中国好故事传播海外，提高中国故事在海外的影响力。

媒体讲好中国故事，就是指通过媒体在世界范围内进行报道，将中国的各种信息包括经济、文化、政治等信息对外传播，让国际社会对中国的历史文化、发展道路有所了解，形成对中国的看法。在一定程度上，一个国家媒体传播的信息影响并决定着该国的国家形象。

（1）构建全媒体传播格局

全媒体传播是指媒介信息传播采用多种媒体表现手段的一种传播体系。构建全媒体传播格局，可以让我国与国际社会的沟通交流通过各式各样的传播媒介，打破时间、地点的束缚，在互动中融合与发展，实现同步性、多元渠道的信息传递、丰富受众的感官体验、增强互动性等目的，这对于革新媒介机制、讲好中国故事是一个难得的机遇。近年来，人民日报社大力加强全媒体传播体系建设，打造了集合报纸、杂志、电视、广播、电子屏、手机报、网站、微博、微信、抖音、快手等10多种载体的全媒体传播矩阵，旗下品牌多达50余种，全媒体覆盖用户总数超13亿人次，能够更大程度地满足差异化年龄、职业及倾向的海内外受众在不同语境与环境下的个性化需求。因此，打造传统媒介与新兴媒介相结合的全媒体传播平台，积极推进各种媒介一体化有序化发展的传播格局，最大限度地发挥“1+1＞2”的文化浸润作用，是讲好中国故事的关键一环，也是赋能国际传播能力建设的必要之举。

（2）充分发挥新兴媒体传播优势

新兴媒体传播呈现移动化、碎片化、个性化的特征，偏好微传播、轻应用的内容，可以更好地把握国际传播领域移动化、社交化、可视化的趋势。充分发挥新兴媒体传播的优势，把握国际传播领域的运行机制，以情动人，可以赢得更多海外受众的情感共鸣。例如，人民日报社、新华社、中央电视台等媒体均在TikTok开设账号，并以微视频、Plog为主的流行创作形式，对外讲好中国故事，促进了跨国交流和文化融合。同时，说唱、动漫等海外的流行方式也被主流媒体所采用。中国搜索“中国好故事”数据库在中宣部对外推广局指导下，出品的双语动画短视频《接力》，引发海内外网友广泛讨论。《接力》国内外总浏览量超过4.2亿次，国内视频累计播放量和稿件浏览量超3.3亿次，海外社交平台播放量近8 000万次，受众覆盖230多个国家和地区（新华每日电讯，2021-10-29）。充分发挥新兴媒体传播优势，对于讲好中国故事、增强国际传播能力有着显著的推动作用。

7.3.2 通过外交活动讲好中国故事

通过外交活动讲好中国故事，是构建国家形象一种非常关键的渠道。外交政策的制定，不仅仅是为国家利益服务，还要致力于国家形象的构建。成功的外交实践，既能够实现中国的利益，又能够促进对外传播能力的不断加强，助力讲好中国故事，塑造良好的国家形象。

（1）讲好中国共产党故事

中国共产党立志于中华民族的千秋伟业，在百年历程中展现出蓬勃生机与强大力量。其领导中国人民取得的伟大成就举世瞩目，引发了国际社会越来越多的关注。外国领导人专程参观中国共产党历史展览馆，这充分表明国际社会对中国共产党的重视。通过阐释中国共产党治国理政故事的内在逻辑和思想理论，能够让各国民众更好地理解中国共产党始终以人民为中心，为人民谋幸福的初心和使命，这有助于消除国际社会对中国的误解和偏见，展示中国的真实形象。让世界了解中国共产党为什么能，马克思主义为什么行，中国特色社会主义为什么好。

（2）讲好中国主张、中国智慧和中国方案

世界正发生前所未有的变化，在此背景下，中国领导人立足中国、胸怀世界，创造性提出构建人类命运共同体、全球发展倡议、全球安全倡议、全球文明倡议和共建“一带一路”等一系列主张。与个别国家倡导的霸权主义、强权政治、零和思维形成鲜明对比，中国的理念强调和谐相处、合作共赢、美美与共。中国主张通过对话协商解决争端，推动多边主义，践行共商共建共享的全球治理观。中国智慧以合作共赢为利益导向，以正确义利观为价值追求，以新发展理念为实践原则。例如，中国贯彻互利共赢的开放战略，推动各国同舟共济、携手共进；坚持正确义利观，从世界和平与发展的大义出发参与国际事务。

外交人员深入广泛地宣介中国主张、智慧和方案，有助于国际社会更加全面、客观地了解中国，让世界认识到中国坚定不移地走和平发展道路，不是为了追求霸权或扩张，而是为了实现自身发展的同时，为世界提供更多机遇，推动建设一个更加美好的世界。这有利于消除误解和偏见，减少负面论调的影响，增强中国在国际舞台上的话语权和影响力。通过外交活动讲好中国的故事，展示中国为解决全球性问题所付出的努力，能够树立起一个负责任、有担当、积极进取的大国形象，赢得国际社会的尊重和信任。

7.3.3 通过经济活动讲好中国故事

经济活动是以满足需求为目的的，在对外经济活动过程中，不仅可以获取经济利润，还能传播中国故事。

（1）在工商界对外交往中讲好中国故事

①办好重大经贸活动，讲好中国故事

重大经贸活动为展示中国的经济实力和发展成就提供了绝佳平台，办好重大经贸活动是讲好中国故事的有效途径，能够全方位、多层次地向世界展示一个真实、立体、全面的中国。例如，中国国际进口博览会汇聚了全球的优质商品和先进技术，展现了中国庞大的市场规模和开放包容的经济态度。这不仅让世界看到中国经济的强劲动力，也体现了中国在全球经济格局中的重要地位。此类活动还有助于传播中国的创新理念和科技成果。在经贸活动中，中国企业展示的前沿技术、创新产品，彰显了中国在科技创新领域的突破与进步。这能改变国际社会对中国传统制造业大国的刻板印象，树立起中国作为创新驱动型国家的新形象。

办好重大经贸活动还能够促进文化交流，丰富中国故事的内涵。活动期间，富有中国特色的文化元素得以展示，如传统手工艺品、特色美食、文艺表演等。这些文化展示增进了国际社会对中国传统文化的了解和喜爱，使中国故事更加生动多元。同时，重大经贸活动为中国与世界各国搭建了沟通合作的桥梁。通过商务洽谈、项目签约等形式，中国与其他国家建立了更紧密的经济联系，在合作中传递中国和平发展、互利共赢的理念。此外，这些活动吸引了全球媒体的关注，为讲好中国故事提供了广泛的传播渠道。媒体的报道能够将中国的发展理念、经济成就和文化魅力传递到世界的每一个角落。

②参与国际商事规则制定，发出中国声音

参与规则制定能使规则更好地反映中国庞大的经济规模和独特的商业实践。一方面，中国企业在国际贸易和投资中的参与度日益加深，若不能参与规则制定，可能会面临不公正的待遇和不合理的限制，影响其国际竞争力和可持续发展；另一方面，中国独特的经济发展模式和商业文化为国际商事规则的丰富和完善提供了新的思路和视角。中国在电子商务、数字经济、绿色发展等领域取得了显著成就，积累了丰富的经验。将这些经验融入国际商事规则，有助于推动全球商业的创新和可持续发展，使规则更具包容性和前瞻性。

此外，积极参与国际商事规则制定也是维护国家利益的需要。国际商事规则直接影响着中国的贸易、投资和金融等领域的利益。通过发出中国声音，能够在规则制定中争取更有利的条件，保护国内产业和市场，防范外部风险和不确定性。

同时，积极参与国际商事规则制定也是提升中国在全球经济治理中话语权和影响力的重要途径。在国际舞台上表达中国的观点和立场，能够增强中国在国际经济事务中的决策参与度，推动建立更加公平、合理、透明的国际经济秩序。中国倡导的共商共建共享的全球治理观，也可以通过参与规则制定得以传播和实践，有助于凝聚各方共识，解决全球性经济问题，为世界经济增长注入新动力。

（2）通过产品和品牌对外讲好中国故事

通过精心打造和推广具有竞争力的产品和品牌，能够有效地对外讲好中国故事，展示中国的魅力与实力，为中国的发展创造更有利的国际环境。产品是展示中国技术实力和创新能力的直观体现。例如，中国的高铁技术、5G通信设备等高科技产品，以其先进的性能和可靠的质量，向世界展现了中国在科技创新领域的巨大成就。这不仅提升了中国的国际形象，还改变了外界对中国制造业“低端模仿”的刻板印象，让世界看到中国在技术创新方面的卓越能力。品牌则蕴含着丰富的文化内涵。具有中国特色的品牌，如传统的中医药品牌、中式餐饮品牌等，在走向国际市场的过程中，将中国悠久的历史文化和独特的生活方式传递给世界各地的消费者。这种文化传播能够增进国际社会对中国的了解和认同，促进文化交流与融合。

优质的产品和知名的品牌能够塑造中国的国家形象。当消费者使用来自中国的高品质、高性能的产品，并且对中国品牌产生信任和喜爱时，他们会自然而然地将这种良好的印象延伸到对整个中国的认知上。例如，华为、海尔等知名品牌在国际市场上的成功，提升了中国作为一个制造强国和创新大国的形象。越来越多的国外民众通过中国企业的产品和品牌认识了中国，中国产品的品牌效应也塑造了中国的文明形象。

7.3.4 通过教育、国际交流讲好中国故事

教育作为一种系统且长期的知识传播和价值塑造手段，在讲好中国故事方面发挥着基础性的作用。在国内的教育体系中，通过学校教育让学生深入了解中国的历史、文化、社会发展等方面的知识，培养他们对祖国的认同感和自豪感。这些学生未来走向社会，无论是在国内还是国际舞台上，都能够成为传播中国故事的有力主体。同时，教育领域的国际合作和交流项目也为讲好中国故事提供了广阔的平台。例如，吸引国际学生来华留学，他们在亲身感受中国的教育环境和社会生活的过程中，能够直接接触和了解真实的中国。学校为他们开设专门的课程，介绍中国的传统文化、现代发展成就以及独特的社会价值观，使他们成为

中国故事的见证者和传播者。

国际交流活动是讲好中国故事的直接且高效的途径。文化交流活动，如艺术展览、音乐演出、文学作品分享等，能够以生动、直观的方式向世界展示中国丰富多元的文化内涵。体育赛事也是国际交流的重要形式，奥运会是国际活动中最引人瞩目的一项，2008年的北京奥运会和2022年的北京冬奥会实质上是中国向世界展示综合国力的活动，是向外界讲好中国故事、展现中国国家形象的良好契机。通过这些活动，国际社会可以感受到中国文化的魅力和独特性，打破文化隔阂，增进相互理解。

学术交流会议则为中国的学者和专家提供了与国际同行分享研究成果和经验的机会。在科技、医学、人文社科等领域，中国取得了众多显著的成就，通过在国际学术舞台上的交流，能够展现中国在知识创新和应用方面的实力，提升中国在相关领域的国际影响力。此外，民间的国际交流活动，如旅游、志愿者服务等，也能够让普通民众成为中国故事的讲述者。他们在与来自不同国家的人们互动中，分享自己的经历和感受，传递中国人民的友好、热情和积极向上的精神风貌。

教育和国际交流相辅相成，为讲好中国故事提供了丰富的内容、多样的形式和广泛的渠道，有助于塑造一个真实、立体、全面的中国形象，促进国际社会对中国的理解和认同。

8 中国故事对外传播效果及提升路径

8.1 中国故事对外传播效果及不足

8.1.1 中国故事对外传播效果

（1）中国整体形象呈上升趋势

《中国国家形象全球调查报告2021》显示，中国国家形象整体评价提升。与2020年相比，2021年各国受访者对中国的整体评价均有上升，其中美国、巴西、土耳其、墨西哥、沙特阿拉伯等国回升较明显。对中国持积极正面印象的民众增多，发展中国家受访者对中国持正面印象的比例达69%。不同年龄段受访者对中国整体评价均有提升，其中，18至35岁青年群体提升最多。

发展中国家民众对中国好感度最高。其中，金砖国家对中国整体印象打分明显高于海外总体水平。分国家来看，俄罗斯民众对中国评价最高，其次为印度尼西亚、墨西哥、沙特阿拉伯和智利。南非、印度、美国等3国的受访者对中国好感度提升幅度最大。

对中国认知度越高，好感度越高。数据显示，对中国了解程度高或来过中国的受访者，对中国整体形象的打分高于海外总体打分。同2020年相比，了解中国的民众对中国国内治理表现的评价相应较好，打分提升幅度高于海外总体的提升幅度。此外，对中国比较了解的受访者对中国国民也有较高的认可度，76%的人认为中国人“勤劳敬业”。

（2）文明交流互鉴的中国主张得到认同

《中国国家形象全球调查报告2021》显示，海外受访者认可文明交流互鉴对个人（68%）、国家（65%）和全球治理（66%）带来的积极意义。发展中国家（超过七成）和51至65岁海外受访者对文明交流互鉴的积极作用最为认可。了解“文明交流互鉴”这一理念的海外受访者认为它“有助于应对当前面临的全球性挑战”（54%），“是推动人类社会进步和世界和平发展的重要动力”（53%）。

（3）共建“一带一路”国家和地区对中国国家形象的认知趋势持续向好

随着共建“一带一路”的持续推进，中国故事在共建国家持续传播。人民日报海外网2023年8月15日发布的《“一带一路”中国国家形象传播调查报告》（简称《报告》）显示，10年来，中国和平合作、开放包容、互利共赢、负责任大国形象在共建国家和地区得到进一步彰显，国家形象传播得到有效促进。

①政治形象：开放包容、负责任

共建“一带一路”倡议实施以来，中国在国家形象的维持和正本清源上，有了更多的海外朋友帮忙维护。随着共建“一带一路”的推进与发展，更多的海外人士观察到现实中的共建“一带一路”和西方媒体宣传的不一样，是真正在帮助他们改善当地民生。很多国家的领导人、官员和有影响力的社会人士也开始站出来维护中国的国家形象。此外，中国在当地的投资不像西方国家的援助项目那样，将很大一部分资金用于给向援助国派出的人员发工资和补贴上，而是真正用在提高当地“造血功能”上，更是直接驳斥了“债务陷阱”等谬论。

②经济形象：合作共赢、共同发展

近几年，以跨境电商、海外仓为代表的国际贸易新业态和新模式蓬勃发展，中国积极推动与共建国家的互联互通，中国利用国民储蓄率高、外汇储备多，以及对外承包工程建设管理经验丰富等优势，通过主导建立丝路基金和亚洲基础设施投资银行对接双方供求，在促进本国部分产业转移、谋求经济持续发展的同时，全面提升共建国家经贸合作水平，缓解共建国家储蓄与贸易“双缺口”给经济发展带来的制约，改善共建国家基础设施、医疗、教育、技术水平，提高民众生活水平。

③文化形象：兼容并包、交流互通

作为共建“一带一路”的倡导者和推动者，中国也成为促进世界文明交流互鉴的先行者和示范者。截至2023年6月底，中国已与45个共建国家和地区签署高等教育学历学位互认协议。中国院校在132个共建国家办有313所孔子学院、315所孔子课堂；“汉语桥”夏令营项目累计邀请100余个共建国家近5万名青少年来华访学，支持143个共建国家约10万名中文爱好者线上学习中文、体验中国文化（李盛兵，2023）。

④社会形象：创新发展、绿色履责

中国提倡共建“一带一路”顺应国际绿色低碳发展趋势，倡导尊重自然、顺应自然、保护自然，尊重各方追求绿色发展的权利，响应各方可持续发展需求，形成共建绿色“一带一路”共识。过去10余年间中国企业在共建“一带一路”国家完成了3 000多个基础设施项目，其中很多都是绿色能源、绿色交通和绿色建筑类的项目。例如，在老挝，2021年12月开通运营的中老铁路打造了绿色可持续基建项目的标杆，传播了绿色贸易与合作理念；在卡塔尔，2022年世界杯决赛场所卢塞尔体育场，采用多项环保节能创新技术，使用可回收材料，比传统施工节约了约40%的淡水。中国充分发挥在可再生能源、节能环保、清洁生产等领域优势，运用中国技术、产品、经验等，推动绿色“一带一路”合作蓬勃发展。

（4）中国企业全球认可度高

由中国外文局国际传播发展中心联合当代中国与世界研究院、凯度集团（Kantar）共同完成的《中国企业形象全球调查报告2022》显示，超过七成全球受访者对中国企业的整体印象良好，全球受访者认可中国企业给当地经济带来的积极影响，金砖国家和“一带一路”共建国家受访者更认可中国企业为当地作出的贡献。从中国企业全球形象的总体评价来看，包括中国在内的全球12国受访者对中国企业在责任、公平、可信、成功等四个维度表现的整体认可度都达到或超过了78%。有45%的受访者认为中国企业能给当地经济带来积极影响，主要体现在“带来先进的技术”、“带来新的资金投入”和“提供了新的就业机会”，积极评价较2021年有所提升。

在可持续发展方面，超过七成受访者对中国企业维护和支持可持续发展的整体印象较好，对中国企业推进可持续发展有较大信心。受访者认可中国企业在绿色低碳领域和科技创新领域的表现，对于中国企业在绿色低碳领域的主要贡献，41%的受访者认为是“以绿色发展为目标，推进技术进步和科技创新”。而对于在科技创新领域的突出贡献，41%的受访者选择“探索科技创新合作模式，提升创新合作水平”和“共建联合实验室或联合研究中心，搭建科技创新合作平台”。

中国企业日益成为推动全球共同发展的重要力量和促进文明交流互鉴、增进民心相融相通的桥梁纽带，中国企业全球认可度高有助于中国国家形象的提升。

8.1.2 中国故事对外传播尚存不足

中国故事对外传播虽然取得了很好的成效，但仍然存在一些不足，主要表现在以下几个方面：

第一，分众化传播能力还需加强。分众化传播能力是指根据目标受众的文化背景、价值观、兴趣偏好和信息接收习惯，量身定制传播内容和方式，以实现精准传播。对外传播一定要了解当地受众喜欢什么、想看什么，清楚他们的阅读习惯、风格偏好，实现精准传播、贴近传播，才能达到更好的传播效果。从精准性方面来看，有时在讲述中国故事时，未能充分考虑不同国家和地区受众的文化背景、价值观和信息需求的差异。一些对外传播媒体受传统模式影响，有时会搞“大水漫灌”，出现“千稿一面”的现象，甚至直接将内宣内容翻译后对外发布，忽视了中外文化差异和受众需求，这种不分重点、没有层次的传播方式，很难达到理想的效果。

在讲好中国故事、进行对外传播时应注重反馈，不能自说自话，应该更多地考虑受众的理解。部分中国故事的传播内容未能与传播对象的日常生活和切身利益紧密结合。比如，在介绍中国的科技发展成就时，只是列举一系列的技术参数和成果，而没有说明这些科技如何改善普通人的生活、解决实际问题，对于传播对象来说，可能会觉得这些故事与自己的生活相距甚远，难以产生共鸣。再者，语言表达和叙事风格也会影响传播的贴近性。部分传播内容在翻译和表达上未能充分考虑到目标受众的语言习惯，使用过于正式、复杂或充满专业术语的语言，导致信息传递不够自然流畅，让传播对象感到晦涩难懂，降低他们对故事的兴趣和接受度。因此，当前中国故事对外传播，针对不同区域、不同国家、不同群体的分众化传播能力还需加强。

第二，对外传播资源需要进一步整合。对外传播资源如果分散在不同的主体、部门或平台上，会极大地影响传播效率和效果。我们需要在传播主体和传播内容上加强整合。

第三，国际传播人才队伍建设需进一步加强。近年来，国家层面高度重视国际传播人才队伍建设，逐步形成了以专业化主流媒体工作者为核心的基础力量，高校培养的多语种、跨学科后备力量，以及以语言专家、智库学者、对外交流组织和民间个体为补充的协同力量。尽管这些力量不断得到强化，但我国国际传播人才队伍在能力层次、专业水平和数量规模等方面仍需进一步提升。

首先，高层次复合型人才短缺。高层次复合型国际传播人才不仅需要扎实的传播理论功底，还需对国际政治、经济、文化等领域有深刻理解，能够根据不同国家的文化特点和受众需求制定精准的传播策略。尽管近年来我国在这一领域投入了大量资源，但高层次、复合型人才依然短缺，难以完全满足新时代国际传播的迫切需求。这类人才的短缺直接影响到中国故事对外传播效果。

其次，跨文化沟通能力不足。跨文化沟通能力是国际传播的核心竞争力之一。然而，部分国际传播人才对目标国家的文化背景和价值观念缺乏深入了解，导致在传播过程中难以准确把握受众的需求和接受度。这种能力的不足使得他们在面对不同文化背景下的传播挑战时，往往难以灵活应对，容易引发误解和冲突。如何将“我们想表达的”转化为“受众愿意接受甚至喜爱的内容”，成为当前需要解决的关键问题。

最后，非通用语种人才缺口大。随着全球化进程的加速，非通用语种的国际传播需求日益增长。然而，我国在非通用语种的语言资源、教育体系和人才培养方面尚存在短板，这在一定程度上制约了在非通用语种国家和地区的中国故事传播。

8.2 中国故事对外传播效果的提升路径

8.2.1 发挥政府主导作用

政府在讲好中国故事、传播中国声音中发挥主导作用，充当讲故事的组织者、示范者、引导者，起到其他主体不能替代的特殊作用。

（1）政府做好顶层设计

讲好中国故事，需要做好顶层设计。政府制定的关于“讲好中国故事”的战略、方针、政策、原则等，是实施讲好中国故事战略的重要依据。政府需要针对“讲好中国故事”这一重大历史战略，在宏观层面做好顶层设计。

一方面，政府要从历史与当代、中国与世界、横向与纵向等多重视角洞察形势。组织智囊团队深入剖析当下世界发展趋向，精准定位中国及中华文化在国际舞台上的角色。在复杂多变的世界格局中，进行科学研判和理性分析，从而制定出契合中国对外传播的方针战略，为讲好中国故事把控方向，作出明智决策，并有序推进政策落地。

另一方面，政府应积极搭建多元交流平台。像大力推动共建“一带一路”，举办相关的国际交流大会，如研讨会、博览会等，这些形式有效地增进了各国的相互理解，有利于达成共识、促进合作。未来，中国政府应借鉴此类成功经验，持续主动搭建交流平台，以助力国际交流与合作，为讲好中国故事创造有利条件。

（2）政府做好传播规划

政府做好传播规划能够明确目标和方向。通过全面深入地分析国内外形势、受众需求以及传播环境，制定出清晰、明确且具有前瞻性的传播目标，这可以使中国故事的传播能够有的放矢，避免盲目性和随意性。传播规划还有助于制定系统的传播策略。相关部门可以根据不同的传播内容和目标受众，选择合适的传播渠道和方式。比如，针对年轻群体可以利用社交媒体平台，对于专业领域可以通过学术交流活动等。同时，还可以规划好传播的节奏和重点，形成持续而有力的传播态势。

此外，政府做好传播规划还能提升传播的专业性和权威性，凭借其在信息获取、政策制定等方面的优势，确保传播的内容准确、权威，避免误导和误解，增强国际社会对中国故事的信任和接受度。

（3）政府发挥引导和激励的作用

在“讲好中国故事”的过程中，凝聚人民群众的力量至关重要，要充分发挥不同层次、类型和行业群众的“讲述”作用，因为普通人的真实故事往往更具感染力。首先，政府需对传统媒体和新媒体予以引导，激发它们在对外宣传方面的主动性，并为其指明宣传的方向。通过政策支持、资源调配等方式，鼓励媒体积极挖掘和传播富有中国特色、展现中国魅力的故事。其次，要重视公众人物的舆论引导能力。无论是文艺工作者还是各级政府领导等公众人物，都应当在自身的领域中以身作则，以实际行动诠释中国精神，塑造中国形象。最后，海外华侨和来华的海外留学生也是传播中国声音的重要力量。政府应当倡导各个高校和研究机构，在课程设置和教材编写时，将中国的历史、文化、政策以及各方面的成就等内容融入其中。通过这样的方式，让来华留学生能够更全面、深入地认识中国，从而在未来成为中国声音的有力传播者。

8.2.2 鼓励多元主体参与

同样的故事，用不同方式讲、由不同人来讲，效果和可信度大不一样。讲好中国故事，需要精彩的叙事、亲和的姿态，也需要有多元的主体来讲。

（1）中国网民

随着移动互联网和物联网技术的迅猛进步，“万物联通”的景象已成为现实。这一情形对于对外传播而言具有重要意义，新媒体平台作为能够让社会全员参与的“新闻广场”，正逐渐演变为公共外交的关键竞技场。现阶段，中国网民数量庞大，且每年持续呈现“入网”增势。根据中国互联网络信息中心（CNNIC）发布的第53次《中国互联网络发展状况统计报告》，截至2023年12月，我国网民规模达10.92亿人，互联网普及率达77.5%。网民规模的持续增长及其个性化的传播需求同样反向作用于云端生态与现实交往的重构，基于互联网的线上沟通模式不断创新，中国与其他国家、地区线上线下交流合作加速融合。因此，重视这一“潜在”主体的话语体系、加强网络平台建设，尤为必要。

（2）外国记者

媒体与记者始终是对外传播中的核心主体，其职业特性决定了他们是“双向”的对外传播主体。各国驻华媒体记者以及长短期访华记者通过多种方式深入了解中国，这种特殊的经历使他们成为既为传播对象又为传播主体的独特群体。“记者外交”具有其他外交形式难以企及的优势，这一优势源自记者的职业特点。对于外国记者来说，将在中国的亲身经历和感受，通过刊登报道、出版书籍等形式传播出去，是相对容易实现的。他们能够凭借自身的职业便利，把在中国的所见所闻所想迅速、直接地转化为影响受众的信息。这种传播往往更具时效性和感染力，能够以生动、真实的视角展现中国，从而有效地影响国际社会对中国的认知和看法，为中国的对外传播发挥重要作用。

（3）海外华侨华人

长期以来，中国的对外传播在理论建构和实践创新方面，主要围绕“自塑”和“他塑”展开，却忽视了海外华侨华人及其后裔即“华裔新生代”这一特殊且重要的群体。随着交通的便利和交流机会的增加，海外华侨华人能够频繁回国，华裔新生代也因教育等原因回到中国，他们在一定程度上是需要了解中国的目标群体。然而，从另一个角度看，由于他们的特殊身份和情感联系，又使其成为能够为中外友好往来助力的传播主体。他们的“同胞”身份和“故土”情结赋予了他们内在的与中国的血脉联系，这让他们愿意在国际场合为中国发声。海外华侨华人与华裔新生代的独特优势在于其身份和文化认同。他们具备“双主位聆听”的能力以及尊重文化差异的态度，这使他们在跨文化交流中能够占据主动地位。他们对故土的深厚情感，促使他们成为“回归”的对外传播主体，能够为中国的对外传播发挥积极作用。

（4）来华留学生与其他在华外国人

根据教育部留学中国网（www.studyinchina.edu.cn），2024年，我国共有来自196个国家和地区的49万多名国际学生在中国1 000多所高校就读；国家移民管理局数据显示，2023年全国外国人入境总计达3 547.8万人次。规模持续扩大的来华留学生与在华外国人已经成为一个庞大而有国际影响力的群体，他们具有中国情怀和国际视野，不仅是“中国故事”的承载者，更应当成为最佳“中国故事”的传播主体，因为天然的本土优势，他们所讲的“中国故事”更令其国家的人信服，这样的讲述可以从纪录片《中国的故事》（The Story of China）中展现。这部纪录片由英国历史学家迈克尔·伍德主持，以外国人视角，通过和当地人交流互动，将普通人的故事与历史大事件相结合，讲述中国过去40多年的历史。这种“讲故事”不仅有趣，而且是从“他者”视角讲述，能达到有效的“讲故事”效果。再如，英国学者马丁·雅克关于中国的演讲在国外的网络和社交媒体中广泛传播，受到很多网民热捧，改变了西方社会对中国的一些偏见。

（5）出国留学人员

留学人员在民间外交、人文交流方面将发挥更大作用。2023年10月，习近平总书记在致欧美同学会成立110周年的贺信中指出，希望广大留学人员弘扬留学报国传统，爱国为民，自信自强，开拓奋进，开放包容，投身创新创业创造时代洪流，助力中外文明交流互鉴，在推进强国建设、民族复兴伟业中书写人生华章。人文交流一直以来都是国际关系中不可或缺的部分，就如同基石一般稳固着国际关系的基础，又如润滑剂般减少了摩擦与冲突。在当今复杂多变的国际局势下，当紧张气氛弥漫时，人文交流更是发挥了关键作用，成为稳定局势、缓解矛盾的新压舱石。留学人员在民间外交和人文交流方面拥有得天独厚的条件，他们能够以自己的真实经历和切身体会，向世界展示中国的友善、开放、交流与合作。这种源自个人经历的讲述，具有无可比拟的真实性和可靠性。每一个留学人员都是一个独立的个体，他们的故事丰富多彩且真实生动，能让世界更全面、更深入地了解中国，其说服力远远超过了一般性的宣传。

8.2.3 制定精准化传播战略

（1）精准化表达，一国一策

由于世界各国在文化、价值观、社会制度等方面存在显著差异，采用“一刀切”的传播策略显然无法取得理想效果。因此，需要创新传播理念，进行精准化表述，采取一国一策的策略。

首先，提高传播的精准度，就要充分考虑目标受众的文化背景，不同国家有着独特的文化传统和价值观念。例如，一些西方国家注重个人主义和自由竞争，而一些东方国家则更强调集体主义和和谐共生。在传播中国故事时，若不考虑这些文化差异，可能会导致信息误解或无法引起共鸣。通过深入研究每个国家的文化特点，我们能够以其易于接受和理解的方式来讲述中国故事，使传播内容更具亲和力和吸引力。

其次，各国的媒体环境和传播渠道也各不相同。有的国家社交媒体影响力巨大，有的国家则更依赖传统的广播电视。针对不同国家的媒体特点，制定有针对性的传播策略，选择合适的传播渠道，能够确保中国故事更有效地触达目标受众。

最后，不同国家对中国的关注重点和需求也存在差异。有的国家可能对中国的科技创新成果感兴趣，有的国家则更关注中国的文化艺术。根据各国的关注点，有侧重地传播相关内容，能够满足其特定需求，提高传播的效果和影响力。例如，在对日本传播中国故事时，可以强调两国文化交流的历史渊源和共同之处；对于非洲国家，可以重点讲述中国在援助和合作方面的成果与经验。

此外，开展精准传播还需要善用新技术手段。借助新技术，能够使精准化的主体和内容与精准化的对象及其场景高度适配，从而切实达成精准化的效果，实现既定的精准化目标。

（2）分众化表达，寻求群体共情

每个国家内部的受众存在年龄、性别、职业、受教育水平等方面的差异。同业同行同趣群体之间具有相似的文化心理、知识结构和思维方式，他们最容易也最需要实现共情传播。通过精准定位不同群体的兴趣点和信息需求，能够提供更具针对性和吸引力的内容。比如，对于年轻群体，可以借助新媒体和流行文化元素来传递中国的创新和活力；对于知识精英阶层，则以深度的学术交流和专业研讨展示中国的学术成就和思想深度。因此，基于对不同受众群体的细分和深入了解进行分众化表达，理解不同群体的价值取向与情感倾向，在回应他们所关切的问题、提供热点信息的同时，换位思考和共情表达，这样可以切实提升传播的效果和质量，让信息更好地被接受和认同。

8.2.4 主动设置中国议题

媒体设置议题的自觉性和敏感性有时是我国媒体的“短板”。我国对外传播媒体首先需要提高自觉性和敏感性，学会善于捕捉具有重大影响的议题，积极参与国际事务，从而提高先入为主的影响力和话语权。在国内突发事件和重大事件上，我国媒体占有着天时、地利、人和等得天独厚的优势，必须发挥这个优势，敏锐捕捉设置中国议题的机会，牢牢把握国内重大突发事件的新闻首发权，让全球媒体最大限度地采用中国媒体的报道。“5·12”汶川大地震发生后，新华社关于地震的报道，信息及时、全面，被世界诸多主流媒体采用，掌握了国际话语的主动权，是近年来我国媒体在议程设置方面的一个成功范例。

媒体在讲好中国故事过程中的主要特点是能够掌握议程设置的主动权，中国的机构改革、两会、投资环境、经济改革等一直是国外受众关注的焦点，我国对外传媒应该主动设置上述中国议题，获取世界独家新闻首发权，增强中国的声音，扩大舆论影响，提高我国对外传媒的国际话语权。此外，我国媒体还可以充分利用中国在亚太地区的区域性大国地位，设置媒体间议程，框定或影响国际主流媒体的议题。以此为突破口，逐步扩散到世界其他主流媒体，散发中国对外传媒的辐射力和影响力。

8.2.5 构建新媒体国际传播话语体系

新媒体具有多元、快速、互动性强等显著特点，这使其成为突破传统国际传播格局限制、扭转“西强我弱”舆论态势的关键。构建新媒体的国际传播话语体系，能全面展示中国特色与担当，有助于消除国际社会的偏见和误解，为我国发展营造良好外部环境。

首先，短视频、电影、微博等“软传播”渠道深受民众喜爱，利用这些渠道进行渐进、潜移默化的宣传，能避免生硬灌输，让受众更易接受和信服，从而在海外更广泛传播。因此，积极转变传播理念，让“硬实力”以“软传播”的方式呈现，能最大限度发挥传播效能，达到最佳效果，提升我国在国际传播中的影响力和吸引力。同时，打造符合受众文化、思维和价值理念的话语体系，能增强中国形象的亲和力，提高海外受众对中国形象的接纳度，使传播更具针对性和有效性。在当前的国际传播格局中，“他塑”为主的局面不利于我国形象的准确呈现。因此，持续推进改革，通过“软传播”积极提出中国议题成为当务之急。这有助于我们掌握国际传播的主动权，更有效地向世界展示真实、全面的中国。

其次，党的十八大以来提出“人类命运共同体”“人类卫生健康共同体”“人与自然生命共同体”等具有中国特色的理念，为我国国际话语权的提升创造了良好条件。新媒体平台积极运用这些新概念和新表述，能让世界更好地理解中国的发展理念与智慧。在国际传播中，清晰准确地宣介中国主张、中国方案，有助于展现中国独特的思想和精神，为我国在国际舆论场上争取更多话语权。

最后，新媒体平台拥有独特的传播优势，应当积极主动出击。通过展示我国在各领域的巨大变化、成就、文化魅力和人民精神风貌，塑造良好的国家形象。在重大事件和热点问题上，新媒体平台及时发声，传播事实和观点，能够避免舆论误导。面对不实涉华言论，坚决回击，清晰表达中国立场和主张，能够引导国际舆论走向，增强我国在国际上的影响力、感召力与号召力，为我国的发展营造有利的国际舆论氛围。

8.2.6 改进对外传播技巧与艺术

(1) 讲求灵活的传播手法和策略

我国媒体在对外传播过程中，必须讲求灵活的传播手法和策略，以国际社会易于接受的方式进行有效传播，力求运用最佳的传播策略取得最大的宣传效果。例如，对外传播中更多地采用客观报道手法，“善于将观点和宣传意图隐藏在客观、公正、中立的新闻事实当中，这种手法，既易于得到国外受众的信任，又符合国外受众接受新闻的习惯”（姜鹏，2006），使传播的信息更有说服力、更容易被接受，从而提升国家形象。

对外传播应注重信息传输过程中的叙事方式，应当摒弃说教和生硬的表达，避免出现空话套话以及强行灌输的方式。需着重运用真实、具体、生动的事例，以情感人，以便唤起受众的感情和注意，引发情感共鸣。同时，要充分考虑西方受众的接受心理与习惯，以亲切自然、富有人情味的方式进行交流，才能使传播的信息有效地被西方受众接纳和理解，从而达到良好的传播效果。

另外，中国对外传播要想让西方受众认同和接受，需要为受众提供看问题的多重视角，这既符合他们的接受心理，又能使我们在复杂多变的国际政治较量中纵横捭阖，游刃有余，有利于国家形象的构建和传播。

（2）讲究写作方法，增强可读性

纵观我国对外报道可以发现，其中有些仅仅是将国内报道直接翻译成英语。这种现象严重影响了对外报道的质量和效果，无法有效地向国际社会传递有价值的信息，也难以吸引国外受众的关注和认同。

要想让国外受众对我们对外传播的内容感兴趣，必须讲究写作方法。要契合他们的思维方式以及阅读习惯，“改变汉语的思维方式和讲话方式，以幽默风趣制胜，改变西方受众心目中‘中国式的刻板’的印象”（杨磊，2006）。在写作时，从微观层面和多方位着手，善于运用现场情景和细节描绘，文笔生动活泼，耐人寻味。当报道人物时，可以从微观和多方位切入，尽力做到全面、客观、真实可信，使人物形象鲜明、情感丰富、富有生命力。赵先权（2004）指出，“寓‘人情味’于新闻报道之中，这是西方记者十分高明的一种手法，值得我们大力借鉴。这既可以淡化‘宣传味’，又能引起广泛的共鸣，使我们的新闻报道上升到‘人类幸福’和‘全球意识’的高度，超越局部利益”。

(3) 增强对外报道的时效性

新闻的时效性本就是其成为新闻的关键所在，也是展现新闻价值和质量、提升对外传播成效的必然要求。能够及时且准确地传播信息，对于塑造良好的国家形象必不可少。当重大突发事件和公共外交事件出现时，谁能率先及时、准确地发布信息，谁就能抢占信息首发权，掌控舆论引导的主导权，引导舆论朝着对国家有益的方向发展。

因此，要增强对外报道的时效性，首先必须转变传统的对外传播理念。对于重大突发性事件以及公众关注的重点、热点、难点问题，应积极主动，准确报道，迅速公布相关信息。只有这样，才能牢牢把控事件处理的主导权，有效引导舆论，抢占先机，不给那些对中国有偏见的境外媒体恶意炒作或歪曲造谣的机会。

其次，在突发性国内外事件和公共外交事件面前，各国媒体相互竞争，争夺国际话语权，我国的对外传媒必须摆脱束缚，能够独立表达见解，在报道时效上敢于与西方传媒一较高下，从而树立起独立且值得信赖的传播者形象。

8.2.7 提升对外媒体的国际公信力

在国际社会中，对外传媒的公信力是决定其信息传播成效以及在全球传播格局中的渗透力和影响力的关键所在。传媒硬实力体现为媒介技术和规模等有形资源，而传媒软实力的核心则是媒介公信力这一无形的力量。一个国家的传媒只有具备足够的公信力，才能在国际传播体系中站稳脚跟并发挥重要作用，这是任何硬件指标都无法替代的。谁占据了舆论的制高点，谁就更可能获得国际受众的理解与支持，掌握主动权。

可以通过以下两个途径提升我国对外媒体的国际公信力。首先，充分考虑国际受众的文化心理特征，实施有针对性的跨文化传播策略。依据不同国家和地区受众的需求、认知习惯和接受能力，采用差异化传播路径，增强传播话语的吸引力与说服力。在内容策划与信息呈现方面，中国的对外传播媒体应注重契合当地受众的文化偏好，尊重其信息接受方式。由于各国在文化传统、价值体系和行为习惯等方面存在显著差异，媒体传播的风格也需随之调整。例如，在集体主义与个人主义、高权力距离与低权力距离、高语境与低语境文化之间，传播策略需作出灵活适配，以提高沟通的有效性。

其次，推动多元媒介深度融合，实现传播平台的协同发力。新闻报道作为社会话语的一种表达形式，不能依赖于传统主流媒体的单一输出，而应鼓励传统媒体与新兴媒体、专业平台与机构媒体之间协同共建传播话语体系。各类主流媒体应在内容结构与传播方式上形成互补，发挥各自的传播优势。传统媒体如纸质出版物，可以借鉴China Daily等中国外宣媒体的多模态传播手法，通过图像与语言符号的融合展示，实现源域与目标域的场景衔接，增强传播内容的构图意义与表达深度，达成符号间互补的传播效果。而新媒体则可借助如新华社短视频这类便于跨文化传播的媒介形态，通过寻找跨文化的"最大公约数"，构建兼具广度与深度的国际传播矩阵，提升整体传播的触达力与影响力。

只有借助拥有良好公信力的对外传播媒体，所传播的内容才能够获得广泛的传播范围。并且，也只有这样，才能够被对象国家的目标受众所认同和接纳，进而成功地展示出积极、正面的良好国家形象。

8.2.8 建立完善的反馈体系

讲好中国故事，要从实践出发，接受受众的检验，即注重收集受众的意见和反馈，以受众的评价作为衡量传播工作的重要标尺，优化对外传播工作。建立完善的反馈体系，是讲好中国故事的制度保障。

（1）坚持受众的反馈收集工作

在国际传播中，通常会关注长时段的双向关系，但往往海外受众在传播交流中的参与程度是不平衡的。为了防止这种"不均衡"状态的出现，切实做好受众的反馈工作显得尤为关键。传播工作者应当利用多种渠道和方式来获取受众的意见，例如通过邮箱、信箱、电话采访、网络留言板等收集渠道，以及在线调查、焦点小组讨论或受众满意度调查等方式。为了激发受众更积极地参与，可以设置有奖鼓励，这样能够使收集到的信息更全面、详细，更具参考价值。同时，还应当构建积极的受众关系管理系统，保持与受众的良好交流和互动，持续积累受众的评价与建议。从反馈的数据当中，深入剖析目标受众的需求和偏好，进而发现当前传播工作中存在的问题以及未来可以改进的方向。在此基础上，迅速作出回应，积极解决存在的问题，并努力优化相关工作，这样才能够赢得海外受众的良好评价，确保对外传播工作得以平稳、顺利地开展，让中国故事能够被海外受众真正接受和认同，增强国际传播的亲和力与时效性。

（2）将大数据技术、人工智能与反馈工作紧密结合

应当借助大数据的技术优势，定期收集并分析海外受众参与反馈的信息。与此同时，运用人工智能来提供热点预测以及监测舆情，进行动态追踪和科学研判。这样就能够让中国故事紧密贴合实时动态以及受众的喜好，从而打造出契合海外受众口味的中国故事。例如中国美食纪录片《风味原产地》系列的制作团队，通过运用大数据技术，整合来自全球的收视反馈，了解到海外受众对中国的风土人情和各地饮食怀有强烈的好奇心。基于此，他们在美食纪录片领域深入挖掘，将中国传统美食与当地的自然景观、特色建筑、民风民俗相结合，向海外受众展现了中华文化的魅力，最终取得了出色的传播效果。值得一提的是，《风味原产地》系列是流媒体视频服务提供商网飞采购的第一部中国团队制作的系列纪录片，播出后均收获热烈反响，其中第一季《风味原产地·潮汕》，在网飞美食节目板块高居榜首长达6个月。因此，充分运用数字技术，深度开展反馈工作调研，优化中国优秀文化的叙事表达，有助于增强中国故事的可读性与可传播性，提升中华文化的感召力以及国际传播的影响力。

（3）建立起环环相扣的反馈体系

传播工作者应当充分借助制度优势、人力优势以及组织优势来构建相应的反馈机制。需加大财政方面的投入，加强政府的组织领导，联合文化企业、专家学者、高校机构以及不同的社会力量，系统性地选拔出适应新时代国际传播反馈工作的人才队伍，涵盖翻译人才、数据分析人才、文化创意人才、国际媒体运营人才等。从收集受众反馈数据这一环节开始，经过持续监测、科学分析以及技术研判，最终为中国故事在海外的落地提供强有力的支撑。整个过程需要在一个具体且精准的系统内运作，各个环节紧密相连，以此确保反馈工作能够顺利开展，从而实现

通过建立反馈体系来助力当下国际传播工作的目标。

8.2.9 推进立足对外翻译的国际传播人才培养

习近平总书记在主持中共中央政治局第三十次集体学习时强调，要全面提升国际传播效能，建强适应新时代国际传播需要的专门人才队伍。为了回应这一全新的时代命题，必须从多学科维度加强对国际传播人才的培养，其中，对外翻译能力不可或缺。

从翻译的维度构建国际传播人才培养体系，培育出政治立场稳固、熟知对象国国情、熟练进行语言翻译转换且熟悉传播规律的复合型人才，这是当前增强国际传播力的实际需要。对外翻译“不仅包含‘要翻译什么’，更需要解决‘谁来翻译’的问题”（黄友义，2022），无论是为了加强中国对外话语体系建设，还是支撑我国的政治、经济、文化战略，都需要具有一支多语种、实践型、专业化的翻译人才队伍。因此，综合来看，对外翻译人才的培养需要依照应用型、专业化与跨学科的思路来进行。

首先，应用型表明对外翻译人才的培养应当以实践为重点，能够切实解决国家在对外翻译方面的真实问题。教育部批准的翻译博士专业学位（DTI）正迎合了这一需求。对于专业学位翻译博士的培养，有学者提议，报考DTI的考生原则上应当有5年以上语言服务及相关领域的全职工作经历，并且学位论文应当是语言相关行业中真实存在且具有重要应用价值的实践难题，而论文质量评估的标准则在于能否创新性地解决该行业的难题（傅琳凌、穆雷，2021）。这就是将翻译能力与国际传播的实际需求紧密结合，需要相关人才从翻译积累的经验和启示出发，化解当代语境中的难题。

其次，对外翻译人才的培养应当确保人才的专业化。增设翻译专业博士学位的目的就是强化翻译人才的精英化和专门化，针对不同的语种、区域与国别，适应精准传播的特点和属性，依据实际情况开展翻译人才的培养（吴赟、蒋庆胜，2022）。

最后，对外翻译人才应当将跨学科融合的视野和能力培养作为重点，政治学、传播学和翻译学相互联通，各有侧重，成为解析国际传播这一时代命题的基本维度。

此外，媒介技术的迅速发展使得翻译人才对信息科技的学习和掌握成为必要。

8.2.10 加强学界国际化交流与合作

(1) 促进学术国际交流

讲述中国故事需要不同学科的融合和中外学者的积极互动。通过举办国际和跨区域的学术交流会，可以吸引更多专家深入研究中国的政策、文化与历史。同时，多学科的合作也是至关重要的，因为讲好中国故事、传播中国声音并不仅限于政治学或思想政治教育，而是一个跨学科的话题，为学界提供了广泛的交流机会。高端智库在这一过程中发挥着重要的桥梁作用，通过国际研讨会和论坛，使“中国故事”成为全球关注的焦点，从而增强国际社会对中国声音的理解与认同。党的十九大以来，中国特色新型智库建设也得到了高度重视，这些智库在学术研究与对外交流中发挥着关键作用。

(2) 发挥高等教育机构的传播优势

高等教育机构在留学生教育中，可以通过介绍中国案例和文化，发挥其独特作用。语言是对外交流的桥梁，汉字作为中华文明的象征，承载着五千年的智慧。在课程中，更应增加中文授课，以有效传播中国文化。汉语的普及对于传播中国的政治和文化极为重要，也应鼓励教师撰写新颖教材，传播中国的思想与精神。

孔子学院是推广中国故事的重要教育机构，这些学院在汉语推广和中华文化传播中发挥了重要作用，其课程内容不仅包括汉字，还涵盖了如剪纸等传统技艺，吸引了无数外国民众不断接触并爱上中国文化。

(3) 拓宽研究视域，丰富研究内容

党的十八大以来，学术界对“讲好中国故事、传播中国声音”的关注持续升温，相关文献不断增加，并逐渐与国际发展趋势相结合。尽管学界重视传统优秀文化的弘扬和中华民族精神的传承，但在研究内容的拓展上，仍需关注“偶像文化”“流行音乐”等当代新兴文化形式。因此，守正创新不仅是政府和媒体的责任，也是学界的使命。进入21世纪以来，中国的发展和对外交流的加深，使得国际社会对中国文化，尤其是传统文化有了更深入的理解。学者们应在国际学术对话中积极讲述中国故事，不仅要掌握专业知识，更要熟悉中国文化、历史和政策，才能有效传播中国声音。

参考文献

[1] 爱泼斯坦，林戊荪，沈苏儒.呼吁重视对外宣传中的外语工作［J］. 中国翻译，2000（6）：2-4.

[2] 陈力丹，梁雨晨.向世界说明中国——论中国的国际话语权问题及策略［J］. 新闻传播，2010（11）：11-13.

[3] 陈历明.翻译：作为复调的对话［J］. 外国语，2006（1）：60-68.

[4] 陈小慰.语用与翻译中言语资源的得体利用［J］. 中国翻译，2008（6）：55-59.

[5] 陈小慰.外宣标语口号译文建构的语用修辞分析［J］. 福州大学学报（哲学社会科学版），2007（1）：94-99.

[6] 陈至立，等.辞海［M］. 第7版缩印本.上海：上海辞书出版社，2019.

[7] 程镇球.政治文章的翻译要讲政治［J］. 中国翻译，2003（3）：18-22.

[8] 仇贤根.中国国家形象塑造与传播视角下的外宣翻译研究［M］. 上海：上海译文出版社，2013.

[9] 当代中国与世界研究院课题组.展示丰富多彩、生动立体的中国形象——基于中国国家形象全球调查（2021）的思考［J］. 对外传播，2023（12）：31-35.

[10] 本雅明.写作与救赎：本雅明文选［M］. 李茂增，苏仲乐，译.上海：东方出版中心，2009.

[11] 丁衡祁.对外宣传中的英语质量亟待提高［J］. 中国翻译，2002（4）：44-46.

［12］ 董璐．传播学核心理论与概念［M］．北京：北京大学出版社，2016．
［13］ 段连城．呼吁：请译界同仁都来关心对外宣传［J］．中国翻译，1990（5）：2-11．
［14］ 段连城．对外传播学初探［M］．增订版．北京：五洲传播出版社，2004．
［15］ 傅琳凌，穆雷．跨学科视域下的翻译博士专业学位（DTI）设置与发展［J］．外国语，2021（2）：99-108．
［16］ 傅似逸．试论对外宣传材料英译“以语篇为中心”的原则［J］．外语与外语教学，2001（11）：37-39．
［17］ 何自然．语用学概论［M］．长沙：湖南教育出版社，1988．
［18］ 高云，韩丽．语用翻译当属交际翻译［J］．西安外国语学院学报，2004（1）：45-47．
［19］ 高宪春．对外传播讲好中国故事的“五化”原则［J］．中国记者，2015（6）：104-105．
［20］ 葛传椝．漫谈由汉译英问题［J］．中国翻译，1980（2）：13-14．
［21］ 管文虎．国家形象论［M］．成都：电子科技大学出版社，1999．
［22］ 郭可．中国英语媒体传播效果研究［J］．国际新闻界，2002（4）：40-45．
［23］ 国防大学政治学院．要讲清中国特色社会主义的故事［N］．解放军报，2020-11-09（7）．
［24］ 韩晶晶，赵允智，熊奕瑶．用7分钟给中共党员“画像”，在国外也火出圈［N］．新华每日电讯，2021-10-29．
［25］ 胡壮麟．语篇的衔接与连贯［M］．上海：上海外语教育出版社，1994．
［26］ 黄国文．语篇分析概要［M］．长沙：湖南教育出版社，1988．
［27］ 黄文珍．语用学视角下的对等翻译失误探析［J］．长春工业大学学报（社会科学版），2009（6）：60-63．
［28］ 黄友义．坚持“外宣三贴近”原则，处理好外宣翻译中的难点问题［J］．中国翻译，2004（6）：27-28．
［29］ 黄友义．强化国家对外翻译机制，助力国际传播能力提升［J］．英语研究，2022（1）：12-19．
［30］ 霍尔．表征：文化表象与意指实践［M］．徐亮，陆兴华，译．北京：商务印书馆，2003．
［31］ 贾文波．汉英时文翻译高级教程［M］．北京：中国对外翻译出版有限公司，2012．
［32］ 蒋磊．文化差异与商标翻译的语用失误［J］．中国科技翻译，2002（3）：52-56．
［33］ 姜鹏．全球化时代中国对外传播之策略思考［J］．新闻知识，2006（1）：

8-10.
[34] 靳文泉.不能旁落的国际话语权［N］. 南方日报，2009-09-13.
[35] 孔婧.从“他塑”到“自塑”：中国国家形象的博弈策略研究［J］. 西部学刊，2023（4）：13-16.
[36] 拉扎斯菲尔德.人民的选择：选民如何在总统选战中做决定［M］. 唐茜，译.3版.北京：中国人民大学出版社，2012.
[37] 李盛兵.“一带一路”教育合作十周年：回顾与展望［N］. 光明日报，2023-10-19.
[38] 李寿源.国际关系与中国外交——大众传播的独特风景线［M］. 北京：北京广播学院出版社，1999.
[39] 李薇.讲好中华优秀传统文化故事［N］. 光明日报，2022-06-28（6）.
[40] 李文革.西方翻译理论流派研究［M］. 北京：中国社会科学出版社，2004.
[41] 李欣.外宣翻译中的“译前处理”——天津电视台国际部《中国·天津》的个案分析［J］. 上海科技翻译，2001（1）：18-22.
[42] 李运兴.语篇翻译引论［M］. 北京：中国对外翻译出版公司，2001.
[43] 李子祥.新形势下讲好中国故事的路径探索［J］. 前沿，2014（8）：53-56.
[44] 李正国.国家形象构建［M］. 北京：中国传媒大学出版社，2006：168.
[45] 李智.论全球化传播语境下的国家形象建构［J］. 阴山学刊，2009（1）：29-34.
[46] 连淑能.英汉对比研究［M］. 北京：高等教育出版社，1993.
[47] 梁良兴.从翻译角度谈对外报道中的一些问题［J］. 中国翻译，1992，13（6）：26-28；55.
[48] 刘光牛.明确受众定位，强化传播效果［J］. 对外大传播，2004（7）：24-26.
[49] 刘翃.汉英语言差异与汉英翻译［J］. 西南民族学院学报（哲学社会科学版），2002（S4）：325-327.
[50] 刘继南.国际传播：现代传播论文集［M］. 北京：北京广播学院出版社，2000.
[51] 刘萍.宣传用语英译中的语用对比与语用策略［J］. 重庆大学学报（社会科学版），2003（3）：76-78.
[52] 刘其中.汉英新闻编译［M］. 北京：清华大学出版社，2009.
[53] 刘明.当代中国国家形象定位与传播［M］. 北京：外文出版社，2007.
[54] 刘朋.国家形象的概念：构成、分歧与区隔［J］. 亚洲传媒研究，2009：124.

[55] 刘明松，梁嘉庆.向世界讲好中国式现代化的故事［EB/OL］.［2022-12-28］https：//www.sohu.com/a/622068232_257321.
[56] 刘亚猛.追求象征的力量：关于西方修辞思想的思考［M］. 北京：三联书店，2004.
[57] 刘艳房，潘敏学.中国国家形象战略基本理论及哲学方法论［J］. 河北师范大学学报（哲学社会科学版），2024（3）：120-130.
[58] 刘振铎.现代汉语辞海［M］. 延吉：延边教育出版社，2001.
[59] 卢小军.国家形象与外宣翻译策略研究［M］. 北京：外语教学与研究出版社，2016.
[60] 罗新璋，陈应年.翻译论集［M］. 北京：商务印书馆，1984.
[61] 吕维霞，李子怡，杜慧.讲好中国故事 传播中国声音的有效路径［J］. 公关世界，2023（5）：28-33.
[62] 马士奎.塑造自我文化形象——中国对外翻译现象研究［J］. 东方论坛，2010（3）：33-37；43.
[63] 马昱娇，陈智尧.试论意识形态对翻译的操控——以中共十七大报告英译稿为例［J］. 长江师范学院学报，2009（2）：65-67.
[64] 摩根索.国家间政治——权力斗争与和平［M］. 徐昕，郝望，李保平，译.北京：北京大学出版社，2006.
[65] 李普曼.公众舆论［M］. 阎克文，江红，译.上海：上海人民出版社，2006.
[66] 温特.国际政治的社会理论［M］. 秦亚青，译.上海：上海世纪出版集团，2000.
[67] 孟华.比较文学形象学［M］. 北京：北京大学出版社，2001.
[68] 潘健.移动鼠标寻找读者——从人民网对日报道看互联网外宣特性［J］. 对外大传播，2006（Z1）：78-81
[69] 漆亚林.中国国家形象建构的历史进路与路径选择［J］. 学术前沿，2023（12）：5-14.
[70] 钱歌川.翻译的基本知识［M］. 长沙：湖南科学技术出版社，1981.
[71] 雷默.中国形象：外国学者眼里的中国［M］. 沈晓雷，译.北京：社会科学文献出版社，2008.
[72] 沈苏儒.关于中译英对外译品的质量问题［M］//《中国翻译》编辑部.中译英技巧文集.北京：中国对外翻译出版公司，1992.
[73] 孙庚.传播学概论［M］. 2版.北京：中国人民大学出版社，2014。
[74] 王家福，徐萍.国际战略学［M］. 北京：高等教育出版社，2005.
[75] 王力.中国语法理论［M］//王力.王力文集（第1卷）.济南：山东教育出

版社，1984.
[76] 王宏印.文学翻译批评论稿 [M]. 上海：上海外语教育出版社，2005.
[77] 王弄笙.汉英翻译中的 CHINGLISH [J]. 中国翻译，2000 (2)：31-35.
[78] 汪榕培.中国英语是客观存在 [J]. 解放军外语学院学报，1991 (1)：1-8；56.
[79] 王思斌.社会学概论 [M]. 北京：北京大学出版社，2010.
[80] 王宪生.翻译要对译文读者负责——谈翻译中两种文化的沟通 [J]. 上海科技翻译，1997 (4)：33-35.
[81] 王银泉.实用汉英电视新闻翻译 [M]. 武汉：武汉大学出版社，2009.
[82] 王银泉，陈新仁.城市标识用语英译失误及其实例剖析 [J]. 中国翻译，2004 (2)：81-82.
[83] 吴世文，朱剑虹.全球传播中我国媒体建构国际话语权的探究 [J]. 新闻传播，2010 (11)：14-16.
[84] 吴燕春.培养跨世纪的对外宣传人才 [M] //蔡国芬.国际传播与对外宣传.北京：北京广播学院出版社，2000.
[85] 吴赟，蒋庆胜.国际传播视阈下对外翻译研究理论建构与应用价值 [J]. 外语教学理论与实践，2022 (4)：8-9
[86] 吴赟.对外翻译中的受众概念与行为机制 [J]. 上海交通大学学报 (哲学社会科学版)，2023 (8)：35-45.
[87] 吴赟.国际传播能力建设与翻译学发展的未来向度 [J]. 上海交通大学学报 (哲学社会科学版)，2022 (1)：12-22.
[88] 吴赟.国家形象自我建构与国家翻译规划：概念与路径 [J]. 外语研究，2019 (3)：72-78.
[89] 吴赟. 中国特色对外话语体系译介与传播研究：概念、框架与实践 [J]. 外语界，2020 (6)：2-11.
[90] 谢柯，廖雪汝."翻译传播学"的名与实 [J]. 上海翻译，2016 (1)：14-18.
[91] 谢旭升.新疆对外宣传英译特点与问题探讨 [J]. 语言与翻译，2003 (3)：54-56.
[92] 邢丽菊，鄢传若斓.中国国家形象的塑造模式研究 [J]. 东北亚论坛，2022 (6)：3-17.
[93] 徐小鸽.国际新闻传播中的国家形象问题 [M] //刘继南.国际传播——现代传播论文集.北京：北京广播学院出版社，2000：27-42.
[94] 杨俊峰.语境顺应与语用翻译 [J]. 外语与外语教学，2005 (11)：47-50.
[95] 杨磊.中国对外传播的窘境与对策 [J]. 青年记者，2006 (14)：24-25.

[96] 杨扬，中传岩.新时期“国际传播”与“全球传播”的边界规限及其意义[J]. 青海社会科学，2019（5）：79-85；138.
[97] 叶苗.关于“语用翻译学”的思考[J]. 中国翻译，1998（5）：10-13.
[98] 英国培生教育出版亚洲有限公司.朗文当代高级英语辞典[M]. 北京：外语教学与研究出版社，1999.
[99] 于丹.中国故事的三种表达[J]. 中国国情国力，2015（3）：39-41.
[100] 袁洪.旅游文本的显性翻译与隐性翻译[J]. 江西农业大学学报（社会科学版），2010（3）：175-179.
[101] 袁晓宁.外宣英译的策略及其理据[J]. 中国翻译，2005（1）：75-78.
[102] 费斯克，等.关键概念：传播与文化研究辞典[M]. 李彬，译注.北京：新华出版社，2003.
[103] 翟树耀.对外宣传报道与英语写作[M]. 厦门：厦门大学出版社，2001.
[104] 张春红.对外宣传译品翻译质量问题刍议[J]. 贵州大学学报（社科版），2003（2）：90-93.
[105] 张季良.国际关系学概念[M]. 北京：世界知识出版社，1997.
[106] 张立蓉，孟祥春.对外宣传翻译：译“名”更要译“实”——政治性误译举隅与应对策略[J]. 苏州科技学院学报（社会科学版），2007（3）：132-136.
[107] 张健.新闻英语文体与范文评析[M]. 2版.上海：上海外语教育出版社，2004.
[108] 张健.再谈汉语新词新义的英译[J]. 中国翻译，2001（4）：33-35.
[109] 张健.报刊语言翻译[M]. 北京：高等教育出版社，2008.
[110] 张江帆.旅游景点翻译质量有待提高[J]. 人文社科，2009（1）：134-135.
[111] 张振华.求是与求不——广播电视散论[M]. 北京：中国国际广播出版社，2007.
[112] 张薇.重大突发事件应时发声：对外媒体话语国际公信力的建构[J]. 江苏社会科学，2023（4）：145-147.
[113] 赵先权.文化策略：对外传播的新途径（上）[J]. 对外大传播，2004（2）：41-43.
[114] 赵雪波.关于国家形象等概念的理解[J]. 现代传播，2006（5）：63-65.
[115] 中国社会科学院语言研究所词典编辑室.现代汉语词典[M]. 北京：商务印书馆，2016.
[116] 钟新，令倩.全民外交：中国对外传播主体的多元化趋势[J]. 对外传播，2018（9）：7-9
[117] 周红民.论翻译中的“显化”现象[J]. 外语研究，2007（6）：75-79.

[118] 周静，汪正一.国际传播背景下如何讲好中国故事［J］. 国际传播，2024（4下）：60-62.

[119] 朱振明.数字时代的国家形象传播［M］. 北京：中国传媒大学出版社，2009.

[120] BAKER M. Translation and conflict: A narrative account [M]. London & New York: Routledge，2006.

[121] BALOGLU S., MCCLEARY K. W. A model of destination image formation [J]. Annals of Tourism Research，1999，26 (4): 868-897.

[122] BEAUGRANDE R，DE，DRESSLER W. Introduction to text linguistics [M]. London: Longman，1981.

[123] BOULDING K. E. National images and international systems [J]. Journal of Conflict and Resolution，1959，3 (2): 122-131.

[124] DELISLE J. Translators through history [M]. Amsterdam: John Benjamins Publishing Company，2012.

[125] FISKE，J. Television Culture [M]. London: Routledge，1987.

[126] JERVIS R. The logic of images in international relations [M]. New Jersey: Princeton University Press，1970.

[127] KOTLER P. Marketing management，analysis，planning，implementation and control [M]. New Jersey: Prentice Hall International，1997.

[128] KLAUDY K. Explication [M] //BAKER M. Routledge encyclopedia of translation studies. Shanghai: Shanghai Foreign Language Education Press，2004.

[129] KRAMSCH C. Language and culture [M]. Shanghai: Shanghai Foreign Language Education Press，2000.

[130] LEFEVERE A. Translation，rewriting，and the manipulation of literary fame [M]. London: Routledge，2016.

[131] MARTIN I M，EROGLU S. Measuring a multi-dimensional construct: Country image [J]. Journal of Business Research，1993，28 (3): 191-210.

[132] THOMAS J. Cross-cultural pragmatic failure [J]. Applied Linguistics，1983，4 (2): 91-112.

[133] VENUTI L. The translator's invisibility—A history of translation [M]. London: Routledge，1994.

索引